*Hanna Grandel serviert
schlesische Spezialitäten*

Hanna Grandel
serviert

Schlesische
Spezialitäten

gewürzt

mit Anekdoten

Verlag Gerhard Rautenberg, Leer

CIP-Titelaufnahme der Deutschen Bibliothek

Grandel, Hanna:
Hanna Grandel serviert Schlesische Spezialitäten / Hanna Grandel. –
Nachdr. (d. Ausg.) München, Gräfe und Unzer (1965). –
Leer: Rautenberg, 1988
ISBN 3-7921-0383-4

© 1988 by Verlag Gerhard Rautenberg, Leer
Neuauflage 1994
Gesamtherstellung: Druckerei G. Rautenberg, 26787 Leer
Der Nachdruck erfolgt mit freundlicher Genehmigung
des Verlages Gräfe und Unzer, München
Alle Rechte vorbehalten – Printed in Germany
ISBN 3-7921-0383-4

Inhalt

Ein Wort zuvor

Wie reich und reizvoll ist doch die gute alte schlesische Küchentradition!
Und der Gedanke, daß unsere köstlichen schlesischen Gerichte eines –
vielleicht nicht mehr allzu fernen – Tages in Vergessenheit geraten oder
bis zur Unkenntlichkeit verändert sein könnten, hat mich dazu veran-
laßt, dieses Buch zu schreiben.

Denn ich denke mir, daß wir Schlesier unserem »Küchenbrauchtum«
die Treue halten sollten, indem wir nicht nur zu besonderen Anlässen,
sondern täglich unsere gewohnte schlesische Kost auf den Tisch bringen.
Unsere Söhne und Töchter kennen es dann nicht anders und werden es
später in ihren eigenen Familien ebenso halten.

Und kommen Sie, verehrte Leserin und verehrter Leser, nicht aus
Schlesien, so werden Sie hier zahlreiche neue Spezialitäten finden, die
schon vielen, vielen Generationen mundeten und mit denen Sie sowohl
den täglichen Küchenzettel bereichern, als auch Ihre Gäste überraschen
können.

Dieses Buch will dazu beitragen, daß den schlesischen Spezialitäten ein
unverdientes »Aschenbrödel-Dasein« erspart bleibt. Könnten Sie sich
vorstellen, daß morgen ein Fertiggericht mit dem Namen »Schlesisches
Himmelreich« auf den Markt käme? Nun, ich nicht. Darum sollten wir
selbst dafür Sorge tragen, daß auch unsere Enkeltöchter noch »Schlesisches Himmelreich« kochen können.

Wie sind denn eigentlich die *schlesischen Spezialitäten* entstanden?
Von den Ureinwohnern des deutschen Ostens, den germanischen Stäm-
men der Goten, Burgunder und Vandalen sind – gottlob – keine Eßgewohnheiten bis zum heutigen Tage überliefert. Aber Einflüsse der
Franken, Bayern, Schwaben und Thüringer, die das schlesische Land
im 12. und 13. Jahrhundert besiedelten, sind schon nachweisbar in der
schlesischen Küche. Die spätere Zugehörigkeit Schlesiens zu Böhmen
und dem Kaiserreich Österreich-Ungarn hat weitere entscheidende Einflüsse für die Entwicklung der schlesischen Kochtradition mit sich ge-

bracht. Noch heute ist ein hoher Verwandtschaftsgrad mit der Wiener, der ungarischen und böhmischen Küche unverkennbar.

Wenn wir uns die Mühe machen, einmal ein wenig darüber nachzudenken, dann kommen wir zu der amüsanten Feststellung, daß eine unserer Nationalspeisen, nämlich schlesische Kließla, in ihren vielfältigen Variationen einen ebenso vielfältigen Stammbaum hat. Er reicht zweifellos zurück auf die Ursprungsländer der deutschen Stämme, die Schlesien besiedelten. Wir kennen noch heute bayerische Knödl, Thüringer Klöße und wissen von den Franken und Schwaben, daß ohne Klöß und Knöpfle für sie das Leben nur halb so schön ist. Auch die Wiener Küche bevorzugt Knödln aller Art, auch Mehlspeisen und Backwerk, ähnlich wie die unsere.

Da sich »Geschmäcker« nicht bürokratisch in politischen Grenzen halten, verwischten und vermischten sie sich im Laufe der Jahrhunderte. Und so werden nicht alle Spezialitäten aus diesem Buch ausschließlich bei Schlesiern beliebt sein, sondern können durchaus auch zu bevorzugten Gerichten anderer Volksstämme gehören. Mir war daran gelegen, möglichst alles, was schlesische Hausfrauen in der Heimat jahrein, jahraus, sonntags und werktags kochten und backten, hier festzuhalten, soweit es sich nicht um allgemein praktizierte Rezepte, wie zum Beispiel Gänsebraten, handelt.

Und nach dem Motto »jahrein – jahraus« habe ich denn auch die Rezepte geordnet. Sie reihen sich nach dem Ablauf des Jahres aneinander, und dazwischen hielt ich immer wieder eine kleine Erinnerung fest, eine Erinnerung an unser unvergessenes Schlesien. –

Alle Rezepte sind für vier Personen berechnet, Zutaten und Anweisungen entsprechen den modernen Erkenntnissen der Ernährungsphysiologie. Sie brauchen also nicht etwa zu befürchten, hier Rezepte von »Anno dazumal« vorzufinden, für die wir heute weder Zeit noch »Magen« haben. Schonende, das heißt nährwerterhaltende Zubereitungsweisen und ein nicht unnötig hoher Verbrauch von Fett waren mir ein besonderes Anliegen. In der Zutatenspalte habe ich grundsätzlich immer Butter angegeben, wobei es Ihnen natürlich überlassen bleibt, auch andere Fettarten zu verwenden.

Und nun wünsche ich Ihnen viel Freude an den *schlesischen Spezialitäten* und ein gutes Gelingen beim Ausprobieren für diejenigen, die aus Lust und Interesse am Neuen nach diesem Buch kochen möchten.

Ganz zum Schluß noch eine Bitte: Vielleicht hat so mancher von Ihnen noch ein gutes schlesisches Rezept, das in meiner Sammlung nicht enthalten ist. Schreiben Sie mir bitte, damit wir es bei einer Neuauflage mit erfassen und so »für die Nachwelt erhalten« können.

Ihre
Hanna Grandel-Dlugosch

Die guten Gaben

Meiner Heimat gute Gaben:
Striezel, Streußelkuchen, Baben!
Schlesisch lecker, saftdurchkräuselt,
butterknusprig, duftumsäuselt –
ach, wie hat es uns geschmeckt,
Schüssel wurde ausgeleckt.
Mit den Wespen um die Wette
naschten wir vom Kuchenbrette. –
Unsre Lust war, zu stibitzen:
klebrig alle Fingerspitzen!

Kringelsorten gab es sieben,
Ostern, Pfingsten, nach Belieben.
Pfeffermänner, Anissterne
schenkte uns das Christkind gerne.
Doch das Schönste waren Klöße
von Kanonenkugelgröße
aus dem erdgewürzten Mohne,
Sankt Sylvester stets zum Lohne,
der das Jahr im Saus beschloß,
Glühpunsch in die Gläser goß.

Alles, was den Wind zu Seiten,
reifte in den Felderbreiten,
was umhüpft von Hahn und Henne
ward gedroschen in der Tenne,
und daß nicht ein Körnlein fehle,
Mühle mahlte mild zum Mehle –
Milch, die aus den Eutern sprühte,
Würze, die im Garten glühte:
Feiertäglich durch das Jahr:
ward es unser ganz und gar.

FRIEDRICH BISCHOFF

Wenn Sie wieder Gäste haben

An den Anfang dieses Kapitels möchte ich ein Wort Moltkes stellen, das schlicht und treffend das Wichtigste für den Umgang mit Menschen sagt: »Die wahre Höflichkeit und der feinste Weltton ist die angeborene Freundlichkeit eines wohlwollenden Herzens.«

Im Umgang mit Menschen nimmt das Thema »Gastfreundschaft« einen nicht geringen Raum ein.

In unserem schnellebigen Zeitalter bringt man im allgemeinen nicht mehr so viel Muße auf, tagelang vorbereitete häusliche Feste zu arrangieren. Es fehlt einfach an Zeit und Hilfskräften. So wird denn heute häufig in Restaurants eingeladen, ja, man verlegt auch ausgesprochene Familienfeste in die anonyme Sphäre öffentlicher Gaststätten.

Je seltener sich Familien dazu entschließen, ihre Feierabende oder Wochenenden in stiller Häuslichkeit einer Einladung »zu opfern«, desto mehr darf es sich der Geladene zur Ehre anrechnen, in eine Familie gebeten zu werden. Wir modernen Frauen wissen, wie angenehm es der Gast empfindet, wenn seinetwegen nicht das ganze Haus auf den Kopf gestellt wurde. Eine Einladung soll für Gast und Gastgeber eine Entspannung bedeuten, ein Ausgleich für strapaziöse Arbeitstage. Ein Tisch, der sich unter der Last kostspieliger Delikatessen biegt, gehört nicht unbedingt zum guten Ton wahrer Gastfreundschaft. Wir wissen, daß es viel wichtiger ist, den Gast mit Selbstverständlichkeit und ganz unbefangen in unsere häusliche Geborgenheit aufzunehmen und selbst gute Laune zu verbreiten. Dann wird sich der Gast wohl und wie zu Hause fühlen.

Vielleicht laden Sie Ihre Gäste einmal zu einem *schlesischen Eintopfessen*, zum Beispiel »Linsen mit Backpflaumen« (siehe Seite 78) oder »Hammelfleisch mit grünen Bohnen« (siehe Seite 25), ein? Sie können diese Gerichte in aller Seelenruhe am Tag vorher zubereiten und sind dann frei für Ihre Gäste.

Recht originell ist es auch, Ihre Freunde einmal zu einem reichhaltigen

Sonntagsfrühstück zu bitten. Es macht nicht soviel Arbeit wie ein Mittagessen, ist einmal etwas anderes und verlängert zudem die Annehmlichkeit des Beisammenseins. Denn es kann bereits gegen 11 Uhr beginnen und sich – mit Unterbrechungen – bis 14 Uhr hinausziehen. Diese Mahlzeit, eine Kombination aus Frühstück und Mittagessen, ist eine moderne Abwandlung unserer alten schlesischen »Schweinevesper«. Darunter verstanden wir eine – mit dem Abendessen kombinierte – Vesper, bei der es sowohl Kaffee und Kuchen als auch Brot, Schinken, Käse und etwas Warmes, zum Beispiel Würstchen mit Kartoffelsalat, geben konnte. Auch ein kräftiger Korn sollte hierbei natürlich nicht fehlen. Uns Schlesiern geht doch nichts über die Gemütlichkeit – und dies war eine ungemein gemütliche Mahlzeit – diese Schweinevesper. Aber so ein Sonntagsfrühstück kann ebenso gemütlich sein. Ihre Gäste werden es Ihnen bestätigen. Servieren Sie zum Beispiel einmal »Hamburgers«: Fleischbrötel nach Rezept auf Seite 75 bereiten, zuletzt eine Scheibe Käse (Emmentaler, Tilsiter, Scheibletten oder ähnliches) darauflegen, die Pfanne zudecken, Käse auf kleiner Flamme schmelzen lassen. Weißbrotscheiben toasten und mit Butter und Senf bestreichen. Auf jede Scheibe Toast ein Fleischbrötel legen, mit einem Tupfer Ketchup und Olivenscheibchen anrichten. Außerdem gibt es Butter, Aufschnitt, verschiedene Brotsorten, Obst und zum Schluß Kaffee und Kuchen mit Schlagsahne. Nehmen Sie sich Zeit für diese Mahlzeit, würzen Sie sie ausgiebig mit interessanten Gesprächen und genießen Sie die Gegenwart Ihrer Gäste! Anstatt des Fleischbrötel-Toastes können Sie auch Kalbsnieren (Rezept Seite 76) auf Toast, Bauernessen (siehe Seite 27), Kartoffelsalat (siehe Seite 79) mit heißen Würstchen kredenzen. Ihrer Phantasie sind also keine Grenzen gesetzt!

Oder wie wäre es mit einer *Suppenparty?* Wer einmal ein solches Suppenfest mitgemacht hat, wird begeistert davon sein. Eine pikante Ochsenschwanzsuppe (siehe Seite 65), eine zarte Kalbfleischsuppe mit reichlicher Fleisch- und Gemüseeinlage (siehe Seite 24), eine Braunbiersuppe (siehe Seite 72) zum »Einheizen«, oder Saurer Jur (siehe Seite 15) werden die Stimmung rasch in Schwung bringen. Sie sollten einkalkulieren, daß jeder Gast zwei- bis dreimal nachgeschöpft haben möchte; also genügend Suppe vorbereiten! Reizvoll ist es auch, wenn verschiedene Suppensorten bereitgehalten werden. Semmeln, Salz- und Kümmelstangen können dazugereicht werden. Die Suppe wird vom Hausherrn, der hinter einem Tisch steht, aus einer großen Terrine oder auch direkt aus dem Topf in die Teller geschöpft, die sich jeder von einem bereitgestellten Stapel holt. Diese Selbstbedienung bringt alle in fröhliche Stimmung. Natürlich werden Sie auch für Getränke – alkoholische und alkoholfreie – sorgen. Wer will, stellt noch eine Käse- oder Aufschnittplatte, Obst und Nüsse bereit.

Sicher werden Ihnen nach diesen Anregungen noch viele Möglichkeiten einfallen, wie Sie das nächste Mal Ihren Besuch originell und doch nicht allzu strapaziös für Hausfrau und Geldbeutel bewirten können.

Und nun wünsche ich Ihnen viel Freude . . . wenn Sie wieder Gäste haben!

Jedes Rezept ist für 4 Personen berechnet. Auf etwaige Abweichungen wird in der Rezeptanleitung besonders aufmerksam gemacht.

Die »Brieger Gänse« kommen . . .

Die »Brieger Gänse« haben weder mit Weihnachten noch mit Martini oder überhaupt mit richtigen Gänsen etwas zu tun. Sie schwimmen vielmehr als weiße Eisschollen die Oder hinab, und weil Brieg – von Breslau aus gesehen – die nächste Stadt stromaufwärts ist, kommen sie eben aus Brieg.

Wenn sie schwimmen, ist der Frühling nicht mehr weit, er hat bereits »das Eis gebrochen«! Was Wunder, daß jung und alt Breslaus Brücken säumten und es jubelnd weitersagten: »Die Brieger Gänse sind da!« Diesen klirrenden Frühlingsboten folgt dann auch bald das erste, zarte Grün.

Und nach der langen Winterszeit freute sich jeder auf die erste kleine Ernte in seinem Garten.

Sauerampfersuppe

250–300 g Sauerampfer
40 g Butter, 40 g Mehl
1 l Brühe oder Salzwasser
1 Eigelb
eventuell Suppenwürze

Von jeher machten wir Schlesier uns gern die Gaben der Natur zunutze, die Früchte von Feldern und Wäldern und die Kräuter aus Wiesen und Gärten. Selbstgesammelte und getrocknete Teemischungen und gedörrtes Obst verwendete man gern in der Küche. Und eben auch den Sauerampfer.

Den verlesenen, gewaschenen Sauerampfer in einem Topf erhitzen, bis die Blätter zusammenfallen und weich sind. Herausnehmen und fein hacken. Aus Butter und Mehl eine Einbrenne bereiten, mit 1 l Brühe oder Salzwasser auffüllen, 10 Minuten kochen und Sauerampfer zufügen. Eigelb mit 1 bis 2 Eßlöffeln Wasser verquirlen, Suppe damit abziehen, eventuell mit Suppenwürze abschmecken. – Dazu passen geröstete Semmelwürfel oder ein hartgekochtes, in Scheiben geschnittenes Ei als Einlage.

Saurer Jur

50–100 g Sauerteig
50 g Roggenschrotmehl
(oder Weizenmehl)
Kümmel, Salz
75 g Räucherspeck
1 Zwiebel
1 Tasse Sauerkrautwasser

Wer einer oberschlesischen Familie entstammt, kennt bestimmt dieses oberschlesische Nationalgericht. Es entwickelte sich aus der Gepflogenheit unserer Vorfahren, jede Woche einen riesigen Laib Roggenschrotbrot zu backen. Von dem Sauerteig, der stets in einem Steintopf für den nächsten Backtag aufgehoben wurde, nahm man eine Handvoll ab – als Grundlage für den beliebten »Sauren Jur«. Die fertige, dampfende Suppe in tiefe Teller über frisch gestampfte Kartoffeln gefüllt, war so recht dazu angetan, die hungrigen Mägen einer langen Tafelrunde angenehm zu füllen. Der »Saure Jur« war auch ein beliebtes Fastengericht am Karfreitag. – Da auch heute noch viele Bäcker mit Sauerteig backen, können Sie sich leicht eine Handvoll davon besorgen. Anstelle des Roggenschrotmehles, das Sie vorwiegend in Reformhäusern erhalten, können Sie auch Weizenmehl nehmen, wenngleich dadurch etwas von der herzhaften Kraft dieses einfachen Gerichtes verlorengeht. Und nun versuchen Sie einmal als nächstes Samstag- oder Karfreitagessen den nahrhaften und bekömmlichen »Jur«!

Den Sauerteig mit dem Mehl und $^{1}/_{8}$ bis $^{1}/_{4}$ l lauwarmem Wasser verrühren, mit einem Tuch zudecken und an warmem Ort gehen lassen. Den Teig in $1^{1}/_{2}$ l kochendes Wasser einrühren (Vorsicht, es gibt leicht Klümpchen!). Unter Rühren kurz aufkochen lassen und mit Kümmel und Salz abschmecken. Speck und Zwiebel in Würfel schneiden, glasig dünsten, in die Suppe geben und Sauerkrautwasser zugießen. Man kann das Gericht auch mit Würstchen oder Wurstscheiben servieren. – Die sämige Suppe über Stampfkartoffeln (siehe Seite 28) in tiefe Teller gießen.

Lammbraten

1 Lammkeule
Salz, Pfeffer
200 g Zwiebeln
60 g Butter, Piment

Die Keule mit Salz und Pfeffer einreiben, mit den grobgehackten Zwiebeln in die heiße Butter geben und von allen Seiten anbräunen. Etwa $^{1}/_{4}$ l heißes Wasser angießen, Piment zufügen und unter häufigem Beschöpfen etwa $1^{1}/_{2}$ Stunden im Backrohr braten.

Hammelschulter

600 g gerollte Hammel-
schulter
Salz, Pfeffer, Paprika
30 g Fett
250 g Reis

Das Fleisch mit Salz, Pfeffer und Paprika würzen und im heißen Fett hellbraun anbraten. $^1/_2$ l Wasser angießen, den Topf gut zudecken und bei schwacher Hitze garen. Reis waschen und abtropfen lassen. Fleisch aus der Brühe nehmen. Da sie etwas eingekocht ist, mit Wasser wieder auf $^1/_2$ l ergänzen, Reis zufügen, zudecken und 20 Minuten garen. Das Fleisch in Scheiben schneiden und mit dem Reis auf vorgewärmter Platte anrichten.

Soleier

Eier
Zwiebelschalen, Salz
eventuell Kümmel
Speckschwarte

Sie sind eine schlesische Oster-Spezialität, die dieses Fest erst vollkommen macht.

Sauber gewaschene Eier in einem Sud aus etwas Wasser, Zwiebelschalen, Salz und eventuell etwas Kümmel 10 Minuten kochen, abschrecken. Die Eier haben jetzt eine hellbraune Farbe. Auf einem Holzbrett kräftig hin- und herrollen, damit die Schale ringsum eingedrückt wird. Durch diese Sprünge zieht dann der Sud in die Eier ein und bewirkt den typischen Geschmack. Die hartgekochten Eier mehrere Stunden, eventuell über Nacht, in den erkalteten Sud legen. Vor dem Auftragen abtrocknen und mit Speckschwarte einreiben, damit sie glänzen.

Blattsalat

1–2 Kopf Salat
30 g Speck
Essig, Salz, Zucker

Selbst beim Blattsalat kommt des Schlesiers Liebe zum Schweinernen zum Ausdruck. Schon oft sah ich Nichtschlesier sich schütteln bei der Vorstellung, mit grünem Salat ausgebratenen Speck zu essen. Wir haben dafür nur ein mitleidiges Lächeln übrig, denn wir wissen schließlich, was gut schmeckt!

Salat verlesen und waschen. Speck in Würfel schneiden, hellbraun ausbraten. Essig mit Salz und Zucker verrühren, über den vorbereiteten Salat gießen, die abgekühlten Speckwürfel zufügen und alles gut vermischen.

Rapunzelsalat (Feldsalat oder auch Nissel genannt)

200 g Rapunzel
Öl
Essig oder Zitronensaft
Salz, Zucker
eventuell 1 Knoblauchzehe

Rapunzel sorgfältig verlesen, Wurzeln abschneiden, und dreimal waschen. Gut abtropfen lassen, mit Öl, Essig (oder Zitronensaft), Salz und Zucker gut vermischen. Wenn Sie die Salatschüssel vorher mit einer Knoblauchzehe ausreiben, bekommt der Salat einen besonders pikanten Geschmack. – Grüne Salate immer erst unmittelbar vor dem Auftragen anmachen, sie fallen sonst zusammen.

Rhabarbergrieß

500 g Rhabarber
150 g Zucker
125 g Grieß oder
90 g Stärkemehl

Rhabarber waschen und in Stücke schneiden. Zucker im Topf zergehen lassen, Rhabarber zufügen und kurz umrühren. $1/2$ l Wasser aufgießen und Rhabarber weich kochen. Durch ein Sieb streichen, die Flüssigkeit mit Wasser auf $3/4$ l ergänzen, aufkochen, Grieß einstreuen (oder angerührtes Stärkemehl zugeben) und gar kochen. Den Rhabarbergrieß in eine kalt ausgespülte Schüssel füllen, erstarren lassen, stürzen und mit Milch oder Sahne servieren. – Diese Grütze kann auch mit jedem anderen Obst bereitet werden, am besten eignet sich Beerenobst dazu.

Einback

30 g Hefe
$1/8$–$1/4$ l Milch
500 g Mehl, 75 g Butter
40 g Zucker, 1 Ei, Salz
Semmelbrösel

Einback war in Schlesien ein sehr beliebtes Gebäck. Es ist etwas mehr als eine Semmel und etwas weniger als ein Stück Kuchen. Während der Zwieback knusprig und krachend ist, muß Einback weich und geschmeidig sein. Er eignet sich zum Eintunken in den Kaffee, was nicht nur Oma und Opa ihrer alten Zähne wegen gern tun, sondern auch bei den übrigen Familienmitgliedern eine verbreitete (Un-?) Sitte ist.
Die Hefe mit 3 Eßlöffeln lauwarmer Milch in einer Tasse auflösen. Aus Mehl, der zerlassenen Butter, Zucker, Ei, einer Prise Salz, der restlichen lauwarmen Milch und der aufgelösten Hefe einen Teig bereiten. Mit einem Tuch zudecken und an warmem Ort aufgehen lassen. Eine Rehrücken- oder Kastenform mit Fett ausstreichen, mit Semmelbrösel ausstreuen, den Teig einfüllen und nochmals zugedeckt gehen lassen. Bei Mittelhitze 15 bis 20 Minuten backen.

Bunzlauer Kaffeekanne

In der Ofenröhre, wo es schmorend schmauchte,
Duft von Äpfeln, der sich heut noch schmecken läßt,
hockte sie, die brave, braungebauchte
Kaffeekanne, wie die Glucke warm im Nest.

Urgroßvater hatte schon am Henkel
sich die gichtigen Finger gern gewärmt,
und nun tat es frostverklammt der Enkel,
wenn die Schneeballschlacht im Dorf verlärmt.

Mutter hatte ihm davon erzählt,
wie ein solches Ding in Töpfers Händen
mählich sich dem Sinn vermählt,
ein Gefäß zu sein mit runden Wänden.

Und die Jungenshand, die Schnee geballt,
fühlte heimlich nach der alten Kanne,
Deckel, Wölbung – eine Fingerspanne –
suchte sie das Weltgeheimnis der Gestalt.

Doch die stumme Alterlauchte
bog sich nur, um Kaffee einzuschenken,
und der Junge trank, indes sie würzig rauchte,
und die Schöpfung Traum blieb, niemals auszudenken.

FRIEDRICH BISCHOFF

Der Magen is a bieser Gläubiger, dar wil zuarscht bedient sein.

Ma soll nie mehr assa, oas ma mit Gewalt nunderkriegt.

Suppe macht Woampe, Woampe macht Oasahn, Oasahn gitt Kredit.

Assa on Trinka hält Leib on Seele beisomma.

Napfkuchen (auch Babe genannt)

30–40 g Hefe, ¹/₄ l Milch
500 g Mehl, 100 g Butter
150 g Zucker, 2 Eier, Salz
50 g Mandeln, 100 g Rosinen
Semmelbrösel
Puderzucker

Wenn sich schlesische Kinder mit Vorliebe das Wort Babe oder Mon-Babe – nicht gerade als Kompliment gemeint – an den Kopf warfen, so zeigt das den zweifachen Wert der Babe an. Hier Spottwort, dort hochgeschätzter Festtagskuchen. – Schon das Kleinkind backte im Sandkasten seine Baben, verzierte sie mit Steinchen-Rosinen und überstreute sie mit Feinsand-Zucker.

Und so backen wir eine richtige Babe: Zunächst, es gehört eine sogenannte Guglhupf-Form dazu. – Die Hefe mit 3 Eßlöffeln lauwarmer Milch in einer Tasse auflösen. Aus Mehl, der zerlassenen Butter, Zucker, den Eiern, einer Prise Salz, der restlichen lauwarmen Milch und der aufgelösten Hefe einen Teig bereiten, zuletzt die abgezogenen, gehackten Mandeln und die gewaschenen Rosinen zufügen. Zugedeckt an warmem Ort gehen lassen. In die mit Fett ausgestrichene und mit Semmelbrösel bestreute Form geben, nochmals aufgehen lassen und bei Mittelhitze backen. Noch warm stürzen, mit Puderzucker bestreuen.

Kümmelstangen

20 g Hefe, 2–3 Eßl. Milch
250 g Mehl, 125 g Butter
¹/₂ Teel. Salz
Ei zum Bestreichen
Kümmel

Die Hefe mit der lauwarmen Milch in einer Tasse auflösen. Aus Mehl, der zerlassenen Butter, Salz und der aufgelösten Hefe einen Teig bereiten, zugedeckt an warmem Ort gehen lassen. Dünne Rollen von etwa 10 cm Länge formen, mit Ei bestreichen, mit Kümmel bestreuen, auf ein gefettetes und mit etwas Mehl bestreutes Blech legen und nochmals aufgehen lassen. Bei Mittelhitze etwa 10 Minuten hellbraun backen.

Käsestangen

100 g Mehl
100 g Reibkäse (Schweizer
oder Parmesan)

Mehl sieben, mit dem Käse vermischen, Butter in Flocken dazugeben und alles verkneten. Den Teig etwas ruhen lassen und ihn dann messerrückendick ausrollen. Gleichmäßige schmale Streifchen rädeln, mit

100 g Butter
1 Eigelb zum Bestreichen

Eigelb bestreichen und auf ein gefettetes und mit etwas Mehl bestreutes Blech legen. Bei schwacher Mittelhitze hellgelb backen. – Schmeckt sehr gut zu Wein, Bowle oder Tee.

Waldmeisterbowle (auch Maibowle genannt)

2 Bündel Waldmeister
2 Flaschen leichter Weißwein
180 g Zucker
1 Flasche Schaumwein
(oder Mineralwasser)
1 Orange

Waldmeister verlesen, kurz waschen, in ein Bowlengefäß legen, den Wein darübergießen und zugedeckt etwa 30 Minuten ziehen lassen. Zucker mit $1/8$ l Wasser aufkochen. Waldmeister aus dem Wein nehmen, die abgekühlte Zuckerlösung und den Schaumwein oder Mineralwasser zugießen, kaltstellen. Beim Anrichten in jedes Glas eine Orangenscheibe mit einer Waldmeisterblüte legen.

Dreimännerwein

Friedrich Wilhelm IV., der Romantiker auf dem preußischen Königsthron, wußte einen guten Tropfen wohl zu schätzen. Er besuchte auf einer seiner schlesischen Reisen – es war am 30. August 1841 – Grünberg und nahm in dem bereits damals bekannten Weinhause Grempler ein Frühstück ein. Erwartungsvoll harrte man des königlichen Urteils über den Grünberger Wein. Der kennerisch kostende Monarch war voll des Lobes: »Ausgezeichnet!« – Das erfreute die honorigen Patrizier so sehr, daß einer, wohl um dem Faß die Krone aufzusetzen, gleich seiner biederen Begeisterung freien Lauf ließ und dem König treuherzig versicherte: »Majestät, und das ist noch nicht einmal der beste!«

ALFONS HAYDUK

Wunderschöne Junizeit

Heuernte, Johanni, wogende Felder, blühender Holunder! Das alljährliche Johannisfest wurde von der Breslauer Jugend stets mit Ungeduld erwartet. Es fand auf dem Ausstellungsgelände, gegenüber der Jahrhunderthalle, statt und dauerte volle zwei Wochen. Es war zwar längst nicht so riesengroß wie das Münchner Oktoberfest, aber – trotzdem – uns hat es einfach besser gefallen. Vom Flohzirkus über die Liliputbühne bis zur »dicken Berta« und der »Dame ohne Unterleib« war alles vertreten, was zu einem richtigen Johannisfest gehörte. An lukullischen Genüssen sei hier vor allem an die Buden mit Aalen gedacht, die als besondere Delikatesse galten.

Ja – und wie steht es mit der schlesischen Küche im Sommer? Die Hausfrau sollte ihren Küchenzettel mehr und mehr auf eine kalorienärmere Kost umstellen. Wir achten darauf, daß die Speisen eiweißreicher, leicht verdaulich und erfrischend sind. Besonders empfehlenswert: Leichte Suppen, Kaltschalen, Quarkgerichte, Salate, Pilze, erfrischende Nachspeisen, aber auch leichte Kartoffel- und Fleischgerichte, Eierspeisen.

Zunächst eine Folge leichter Suppen, die an heißen Tagen der Hausfrau das lange Hantieren in der Küche ersparen:

Kartoffelsuppe

Die gute, altbekannte Kartoffelsuppe ist aus keinem schlesischen Haushalt wegzudenken. Wenn man sie auch in anderen Gegenden ebenso schätzen mag, so kann sie doch in einem schlesischen Kochbuch nicht fehlen. Sie ist immer beliebt als Samstagsessen, als Mittag- oder Abendsuppe an Tagen, wo die Hausfrau für die Mahlzeitenzubereitung nur wenig Zeit erübrigen kann.

500 g rohe Kartoffeln	Kartoffeln schälen und in dicke Scheiben schneiden, Wurzelzeug put-
Wurzelzeug (Suppengemüse:	zen, kleinschneiden und mit den Kartoffelscheiben in der Butter kurz
Mohrrüben, Porree, Sellerie)	andünsten. 1 l Wasser auffüllen und garen. Die Suppe mit dem Schnee-
30 g Butter	besen oder Mixer verrühren oder durch ein Sieb streichen. Speck und
50 g magerer Räucherspeck	Zwiebel in Würfel schneiden und leicht bräunen, in die Suppe geben,
1 Zwiebel, Salz, Petersilie	mit Salz abschmecken und gehackte Petersilie zufügen.

Mehlsuppe

1/2 l Milch, Salz, 40 g Mehl
20 g Butter, 1 Eigelb
eventuell 1 Stück Zimt
(oder Zitronenschale)

Vielleicht erscheint sie uns heute schon vom Namen her viel zu einfach und altmodisch. Aber in ihrem Nährwert und ihrer Bekömmlichkeit ist sie kaum zu überbieten – und das ist wohl der Grund dafür, daß der Schlesier sie auch heute noch schätzt.
Milch mit 1/4 l Wasser verdünnen und mit etwas Salz zum Kochen bringen. Mehl mit 1/4 l kaltem Wasser anrühren und in die kochende Flüssigkeit geben. Nach 10 Minuten Kochzeit die Butter dazu tun, und die Suppe mit dem verquirlten Eigelb abziehen. – Man kann auch Zimt und Zitronenschale mitkochen.

Kürbissuppe

750 g Kürbis, 2 Nelken
1 Stückchen Zimt
1 Stückchen Zitronenschale
1/8 l Milch
30 g Mehl (oder
20 g Stärkemehl)
1/2 Vanillestange
Zitronensaft, 4 Eßl. Zucker
Salz, 2 Eßl. Korinthen
eventuell 2 bittere Mandeln
und 10–20 g Butter

Der anspruchslose, damals in schlesischen Gärten üppig gedeihende Kürbis wurde in vielfältigem Gewande auf den Tisch gebracht. Von Kürbiskompott über Kürbisgemüse, Kürbisbeignets, Kürbisreis, Kürbisbrei bis zu Kürbismarmelade und eingemachtem Kürbis wissen schlesische Hausfrauen viel zu berichten.
Kürbis schälen, mit einem Löffel das weiche Fleisch mit den Kernen auskratzen, in Würfel schneiden, mit Nelken, Zimt und Zitronenschale in 1 1/8 l Wasser weichkochen, durch ein Sieb streichen. Die Milch mit dem Mehl oder Stärkemehl verrühren und damit das Kürbiswasser binden. Die halbe Vanillestange zufügen, 5 bis 10 Minuten kochen. Mit Zitronensaft, Zucker und Salz abschmecken und gewaschene Korinthen zugeben. – Besonders pikant: Am Anfang 2 gehackte, bittere Mandeln mitkochen und zuletzt gebräunte Butter zugießen.

Derr Kurbis

Uff Goartenfrüchte woar derr Pforr,
su reene raus zu soan, a Norr,
nischt fräht ihn meher ei derr Welt,
als wie sei kleenes Gartelfeld.

Sei Hauptpläsier hoat a gesucht
ei ausgedehnter Kurbiszucht.
Und heuer woarn se gutt gerutt,
a hotte Osche hiegeschutt.

Und woas de vunds dar eene woar,
woar wie a Vurtelkarbel goar
su gruuß und asu dicke,
's woar wurklich a Prachtsticke.

Dar woar 'm Forrn besundersch lieb;
desholb a uf da Kurbis schrieb:
»Stiebitzt mich nich; Gott sitts!«
A duchte: »Verllecht nitzts!«

De eene Murgen kimmt a hien,
doo bleibt a halt vur Staunen stiehn.
A kriggt an verflumtn Schreck:
Dar gruße Kurbis, dar woar weg.

A sitt und traut senn Oogen kaum,
doo stieht mit Kreide uff'm Zaun:
»Derr Harrgott is a guda Moan,
dar wurd's 'm Forr nich wiederlsoan!«

KARL WILHELM MICHLER

Buttermilchsuppe

1 Ei
1 l Buttermilch
30 g Stärkemehl
1 Eigelb
Salz, Schnittlauch

Das Ei hartkochen. Buttermilch aufkochen, Stärkemehl mit etwas Wasser anrühren, in die Buttermilch geben, unter Rühren aufkochen. Das Eigelb mit 2 Eßlöffeln Wasser verquirlen, in die heiße, nicht mehr kochende Flüssigkeit gießen. Ei in Würfel schneiden, zur Suppe geben, mit Salz abschmecken, mit gehacktem Schnittlauch bestreuen und kalt servieren. – Wer die Suppe süß liebt, gibt anstatt des hartgekochten Eies, Salz und Schnittlauch – Zucker, Rosinen und Zitronenschale dazu.

Brotsuppe

150 g altes Brot
Salz
eventuell 1 kleingehackte
Knoblauchzehe
20 g Butter, 1 Eigelb

»Brinkel bringen Brot« sagt das schlesische Sprichwort und meint es damit nicht nur wörtlich. Denn wenn man »Brinkel« zu »Brinkel« legt, wächst mit der Zeit ein ganz schöner Berg. Und damit auch ja nichts umkommt, gibt's von Zeit zu Zeit Brotsuppe von »Brinkeln«, hartgewordenen »Remfteln« (Enden) oder der Brotkruste, die für Großvater immer abgeschnitten wird, weil er nicht mehr beißen kann.
Brot in 1¼ l kaltem Wasser einweichen. Salz und eventuell Knoblauch zufügen und das Brot weichkochen. Durch ein Sieb streichen, nochmals aufkochen, Butter zufügen und mit dem verquirlten Eigelb abziehen. – Die Suppe kann auch unpassiert, nur mit dem Schneebesen geschlagen, serviert werden. Dann bleiben die Knoblauchstückchen in der Suppe und erfüllen ihre gesundheitsfördernde Mission. Knoblauch und Zwiebel sollten wir im »stillen Kämmerlein« sooft als möglich verzehren.

Kalbfleischsuppe

250 g Kalbsknochen
250 g Kalbfleisch
40 g Butter, 40 g Mehl
1 Eigelb, Salz
eventuell 250 g Dosengemüse (Spargel, Erbsen)

Kalbsknochen und Fleisch in 1¼ l Wasser etwa 1 Stunde kochen, durch ein Sieb gießen. Aus Butter und Mehl eine Einbrenne bereiten, mit der Brühe auffüllen und 10 Minuten kochen lassen. Eigelb mit 2 Eßlöffeln Wasser verquirlen und in die Suppe geben; mit Salz abschmecken. Das Fleisch klein schneiden und der Suppe zufügen. – Nach Belieben Dosengemüse als Einlage geben.

Rehrücken

100 g Speck
1 kg frischen oder
gebeizten Rehrücken
Salz, Pfeffer, Wacholder-
beeren, 60 g Butter
2 Eßl. Mehl, 1/8 l saure Sahne

Speck in feine Streifen schneiden, den gehäuteten, frischen oder gebeizten Rehrücken damit spicken, mit Salz, Pfeffer und zerdrückten Wacholderbeeren einreiben. In eine Bratschüssel mit heißer Butter legen und im Backrohr 1 Stunde bei häufigem Begießen und der Zugabe von etwa 1/4 l kochendem Wasser garen. Die Sauce durch ein Sieb streichen, mit dem angerührten Mehl binden und mit der Sahne verfeinern. – Zum Anrichten das Fleisch in dünne Scheiben schneiden und wieder zusammengeschoben auf die Rückenknochen legen. Dazu: verschiedene Gemüse oder Salate, Preiselbeer- oder Ananaskompott. Als Getränk: zu Wild immer Rotwein.

Hammelfleisch mit grünen Bohnen und Kartoffeln

2 Zwiebeln, 20 g Butter
500 g Hammelfleisch, Salz
500 g grüne Bohnen
Bohnenkraut
500 g Kartoffeln, 30 g Mehl
Pfeffer, Petersilie

Das ist ein beliebtes Eintopfgericht zur Bohnenzeit und zugleich die angenehmste Art, Hammelfleisch – das ja bekanntlich nicht jedermanns Sache ist – zu verwenden.
Zwiebeln in Würfel schneiden und in Butter glasig dünsten, Hammelfleisch in Würfel schneiden, zufügen und kurz mitdünsten. 1 1/2 l Wasser zugießen, salzen und etwa 1/2 Stunde kochen. Die vorbereiteten Bohnen in Stücke brechen oder zu Schnittbohnen schnippeln, mit dem Bohnenkraut in die Brühe geben und nochmals etwa eine 3/4 Stunde kochen. Kartoffeln schälen, in Würfel oder Scheiben schneiden, zufügen und garen. Das Gericht mit angerührtem Mehl binden, mit Salz und Pfeffer abschmecken, anrichten und mit gehackter Petersilie bestreuen.

Rindfleisch mit Brühkartoffeln

Was dem Schwaben sein »Gaisburger Marsch« (Rindfleisch mit Spätzle), das ist dem Schlesier Rindfleisch mit Brühkartoffeln. Seine Vorliebe für »Zusammengekochtes« kommt der überlasteten Hausfrau sehr zugute. Sie spart Zeit beim Kochen und Spülen, denn Eintopfgerichte erfordern nicht soviel Geschirr und Töpfe.

500 g *Rindfleisch, Salz*
Wurzelzeug (Suppengemüse)
1 kg Kartoffeln, 1 Zwiebel
20 g Butter, Petersilie, Pfeffer,
eventuell Suppenwürze

Rindfleisch in 1 1/2 l kochendes Salzwasser legen, etwa 1 Stunde kochen. Das geputzte, kleingeschnittene Wurzelzeug zufügen und 15 Minuten weiterkochen. Kartoffeln schälen, in dicke Scheiben schneiden, in die Brühe geben und garen. Zwiebel in Würfel schneiden, in der Butter glasig dünsten, zusammen mit der gehackten Petersilie dem Gericht beigeben, mit Salz, Pfeffer und eventuell Suppenwürze abschmecken. – Ganz ähnlich in der Zubereitung ist das ebenfalls beliebte »*Pichelsteiner*«. Hierzu verwendet man jedoch gern dreierlei Fleisch, zum Beispiel Hammel-, Rind- und Schweinefleisch, dünstet zuerst die Zwiebelwürfel an, gibt dann das Fleisch dazu, dünstet es kurz mit, gießt Wasser an und verfährt weiter wie bei »Rindfleisch mit Brühkartoffeln«.

Ochs und Krebs

Das Gut Birawa, zuletzt Hohenlohescher Besitz, war früher königliche Domäne. Friedrich der Große besuchte nun einmal Cosel und fuhr weiter über Birawa. Hier fielen ihm die mit Kartoffeln bepflanzten Felder auf, und er gab seiner Freude darüber Ausdruck. Er fragte den Pächter Ochs, der zu seinem Empfange erschienen war, ob er auch im nächsten Jahre Kartoffeln in demselben Umfange anbauen würde. Dieser verneinte niedergeschlagen. »Warum denn nicht?« fragte der König. Nach einigem Zögern erwiderte Ochs: »Weil im nächsten Jahr der Oberamtmann Krebs, der jenseits der Oder wohnt, die Pachtung bekommen soll.« – Des Königs Stirn legte sich in Falten. Er war auch an den Feldern des Krebs vorbeigefahren und hatte zu seinem Ärger nicht eine einzige Kartoffelstaude zu sehen bekommen. Da ließ er sich Papier und Schreibstift reichen und schrieb an die königliche Domänenkammer in Breslau: »Es bleibe der Ochs, der feste steht, und nicht der Krebs, der rückwärts geht.« Der Erfolg ließ nicht lange auf sich warten. Der bisherige Pächter Ochs wurde behalten, und er trug nicht wenig dazu bei, daß der Kartoffelanbau in der Gegend immer mehr Verbreitung fand.

ALBRECHT BAEHR

Bauernessen

60 g Räucherspeck
750 g Pellkartoffeln
3 Eier, Salz
125 g Fleischwurst oder
gekochten Schinken
gehackte Petersilie

Es ist sehr geeignet als Resteverwertung von gekochten Kartoffeln, Wurst oder auch Fleisch und ein schnell zu bereitendes, sättigendes Abendessen.

Speck in Würfel schneiden, glasig dünsten. Gekochte Kartoffeln schälen, in nicht zu dünne Scheiben schneiden und von beiden Seiten in dem Speck anbraten. Die Eier mit 3 Eßlöffeln Wasser und Salz verquirlen, über die Bratkartoffeln in die Pfanne gießen und stocken lassen. Wurst oder Schinken in Würfel schneiden, unter das Gericht mischen und mit Petersilie bestreuen. – Dazu paßt Buttermilch als Getränk.

Brühkartoffeln (ohne Fleisch)

Wurzelzeug (Suppengemüse)
50 g mageren Räucherspeck
1 Eßl. Öl
1 kg Kartoffeln
Salz, Suppenwürze, 1 Zwiebel
20 g Butter, Petersilie

Wurzelzeug putzen und in kleine Würfel schneiden. Speck in Würfel schneiden, in Öl glasig dünsten, Wurzelzeug dazugeben und kurz mitdünsten. 1 l Wasser oder Brühe aufgießen, die geschälten, in Würfel oder dicke Scheiben geschnittenen Kartoffeln zufügen, gar kochen. Mit Salz und Suppenwürze abschmecken. Zwiebel in Würfel schneiden, in Butter dünsten und mit der gehackten Petersilie dem Gericht beifügen.

Heringskartoffeln

1 kg Pellkartoffeln
2 Heringe, 40 g Butter
1 Zwiebel, 40 g Mehl
eventuell etwas Milch
oder Sahne
100 g gekochter Schinken
2 Eßl. geriebener Käse
30 g Butter

Das ist wieder ein ökonomisches Gericht, mit dem die schlesische Hausfrau die Haushaltsgeldflaute am Ende des Monats geschickt zu überbrücken weiß.

Gekochte Kartoffeln schälen, in Scheiben schneiden. Die gewässerten Heringe abziehen, entgräten und in Würfel schneiden. Aus Butter, Zwiebelwürfel und Mehl eine helle Einbrenne bereiten, mit Wasser und eventuell etwas Milch oder Sahne auffüllen und den in Würfel geschnittenen Schinken zufügen. – Kartoffeln und Hering abwechselnd in eine gebutterte Auflaufform schichten, Sauce darüber gießen, mit geriebenem Käse bestreuen und mit Butterflöckchen belegen. Im Backrohr 20 bis 30 Minuten überbacken. – Dazu: grüner Salat.

Kartoffelgemüse

1 kg Kartoffeln
Salz, 1 Zwiebel
40 g Butter
20 g Mehl, eventuell Essig

Kartoffeln schälen, in Würfel oder dicke Scheiben schneiden, in 1 l Brühe mit Salz garen. Aus Butter, Zwiebelwürfel und Mehl eine mittelbraune Einbrenne bereiten. Mit der Brühe auffüllen, 20 Minuten kochen lassen und mit den Kartoffeln vermischen. Eventuell mit etwas Essig abschmecken.

Kartoffelpuffer

1 kg Kartoffeln, 2 Eßl. Mehl
1–2 Eier, Salz
Öl oder Fett zum Braten

Wenn dieses Gericht gleichzeitig auch eine Spezialität in anderen Gegenden ist, so soll mich diese Tatsache nicht daran hindern, auf die in Schlesien allzeit beliebten Kartoffelpuffer einzugehen. Der Schlesier liebt sie übrigens – im Gegensatz zu dem Westfalen – mit Zucker bestreut.

Kartoffeln schälen, reiben und gleich mit Mehl bestäuben, damit sie nicht braun werden. Eier verquirlen und mit Salz an die Masse rühren. In das siedend heiße Öl oder Fett jeweils einen Eßlöffel voll Kartoffelmasse geben, breitdrücken und kurz von beiden Seiten braun braten. Mit Zucker bestreuen und Apfelmus, Birnen- oder Pflaumenkompott oder eine Tasse Kaffee dazu reichen.

Stampfkartoffeln (Kartoffelbrei)

Dieses allgemein bekannte Gericht hatte in Schlesien ein »gewisses Etwas«, das bewirkte, daß es auch unter dem Titel »Schlesischer Kartoffelbrei« auf den Speisekarten anderer Landesteile erschien. Es ist der ausgebratene Speck, der unter den fertigen Brei gemischt wird und ihm eine besonders herzhafte Note verleiht. Auch die dazugereichte Sauer- oder Buttermilch ist schlesische Spezialität. Stampfkartoffeln waren auf dem Land, besonders zur Erntezeit, ein sehr beliebtes Mittag- oder Abendessen. Die Zubereitung nimmt nicht viel Zeit in Anspruch; sie sind erfrischend an heißen Tagen und belasten den Magen nicht.

1 kg Kartoffeln, Salz
³/₈–¹/₂ l Milch
125 g durchwachsenen
Räucherspeck
Buttermilch oder Sauermilch

Kartoffeln schälen, in Salzwasser gar kochen, abgießen und durch die Presse drücken oder stampfen. Mit der kochenden Milch glattrühren, Speck in Würfel schneiden, ausbraten und in den Brei mischen. Mit Salz abschmecken. Den Kartoffelbrei in tiefe Teller geben, Buttermilch darüber gießen oder kalte Sauermilch in Tassen dazu reichen.

Doas Kließla-Lied

Kließla, Kließla, Leibgerichte,
Kließla, meine liebste Kust,
weeßne Kließla – weiß und lichte –,
war kennt noch woas Bessersch sust?
Jedes macht enn langa Rüssel,
jeder Mensch eim Glücke schwimmt,
wenn die gruuße Kließlaschüssel
uff a Tiesch geroatbert kimmt.

Welt woas wärschte ohne Kließla?
Welt, wu wär' do deine Kroft?
Woas sein Flauma und Radiesla,
ohne Kucha, ohne Baba
koan derr Mensch ganz gutt bestiehn,
muuß a ohne Kließla laba,
muuß a glei zugrunde giehn!

ERNST SCHENKE

Will ma Sunndags ei an Gosthause zu Mittch ass'n und frät: »Gibt's o Kließl derrzu?« Do is di Antwurt sugleich: »Nu freilich gibt's Kließl derrzu, wenn's keene Kließl nich derrzu giäb, wärsch o neä Sunntich.«

W. JAECKEL

Apfelklöße

250 g Mehl, 1 Ei, 70 g Butter
¹/₂ Teel. Backpulver
500 g Äpfel
¹/₈ l Wasser oder Milch
Salz, Zucker und Zimt

So hochgeschätzt für uns Schlesier im Alltag die Kartoffel ist, so enttäuschend ist ein Festtag ohne Klöße. Natürlich schmecken sie uns auch am Werktag ausgezeichnet, aber, bescheiden wie wir nun einmal sind, fügen wir uns der Regel: Alle Tage ist kein Sonntag.

Aus Mehl, Ei, 20 g zerlassener Butter, Backpulver, den geschälten, in Würfel geschnittenen Äpfeln und der Flüssigkeit einen nicht zu festen Teig bereiten und diesen gut schlagen. Von der Masse mit einem großen Löffel Klöße abstechen und in kochendes Salzwasser einlegen. 10 bis 15 Minuten ziehen lassen. Die abgetropften Klöße mit brauner Butter übergießen und mit Zucker und Zimt bestreuen. – Ersetzt man die Apfelwürfel durch 50 g ausgebratene Speckwürfel, so ergibt das *Speckklöße*, die statt mit Zucker und Zimt mit einer Sauce gereicht werden. Sie stellen ein schnelles, schmackhaftes Essen dar.

Hefeklöße

30 – 40 g Hefe, ¹/₄ l Milch
500 g Mehl, 50 g Zucker
1 Päckchen Vanillezucker
50 g Butter, 1 Ei, Salz

Die Hefe mit 3 Eßlöffeln lauwarmer Milch in einer Tasse auflösen. Aus Mehl, Zucker, Vanillezucker, zerlassener Butter, Ei, einer Prise Salz, der restlichen lauwarmen Milch und der aufgelösten Hefe einen festen Teig bereiten und schlagen, bis er Blasen wirft. Eventuell noch etwas Mehl zugeben; der Teig soll nicht an den Händen kleben. Mit einem Tuch zudecken und an warmem Ort 30 Minuten gehen lassen. Aus dem Teig etwa 10 Klöße formen, auf ein bemehltes Brett legen, zudecken und nochmals etwas aufgehen lassen. Einen breiten Topf etwa zu einem Drittel mit Wasser füllen und aufkochen. Ein Tuch, möglichst aus Mull, darüber spannen, die Klöße darauf legen, mit einer großen, umgestürzten Schüssel zudecken und über dem kochenden Wasser 10 bis 15 Minuten garen. Die Klöße vor dem Servieren mit 2 Gabeln oben leicht aufreißen, eventuell mit brauner Butter übergießen. – Pflaumenmus oder Backobst dazu reichen.

Quarkklößchen

750 g Quark, 1 Ei, Salz
125 g Mehl, 60 g Rosinen
50 g zerlassene Butter
Zucker, Zimt

Quark durch ein Sieb streichen, mit Ei, Salz, Mehl und Rosinen vermischen. Davon mit einem Teelöffel Klößchen abstechen und in kochendes Salzwasser einlegen. Auf kleiner Flamme etwa 15 Minuten ziehen lassen. Die abgetropften Klöße mit brauner Butter übergießen und mit Zucker und Zimt bestreuen.

Galuschel (Pfifferlinge)

1 kg Galuschel (Pfifferlinge)
1 Zwiebel, 60 g Butter
1 Eßl. Mehl, Salz
eventuell süße oder
saure Sahne
Petersilie

In den Sommerferien begegnete man in den Wäldern der schlesischen Mittelgebirge Scharen von wandernden Familien auf der Suche nach diesem wertvollen und schmackhaften Nahrungsmittel, das noch durch sein besonderes Aussehen die Gefahr einer Verwechslung mit einem Giftpilz nahezu ausschloß und auch aus diesem Grunde besonders gern von Amateursammlern gesucht wurde.

Pilze putzen, mehrmals waschen und besonders große Exemplare durchschneiden. Zwiebel in Würfel schneiden, in der Butter glasig dünsten, die Pilze dazugeben, 1/8 bis 1/4 l Wasser angießen und 20 bis 30 Minuten zugedeckt gar dünsten. Mit Mehl bestäuben, mit Salz abschmecken, eventuell Sahne unterrühren und mit reichlich gehackter Petersilie vermischen. – Dazu Salzkartoffeln oder Semmelklößel (siehe Seite 50) reichen.

Bohnensalat

500 g grüne Bohnen
Salz, Pfeffer, 1 Zwiebel
Essig, Öl, Kräuter

Grüne Bohnen putzen, waschen, kleinschneiden und garen. Aus Salz, Pfeffer, der gehackten Zwiebel, Essig, Öl und gehackten Kräutern eine pikant abgeschmeckte Sauce bereiten, die Bohnen hineingeben und etwa 1 Stunde durchziehen lassen. – Bohnensalat ist eine beliebte Beigabe zu Fleischgerichten mit Kartoffeln, aber auch zu Fisch- und Eierspeisen.

Gurkensalat

1 – 2 Gurken
1/8 l saure Sahne oder
Joghurt
Essig oder Zitronensaft
1 Zwiebel, Salz, Zucker

Gurken schälen (von dem helleren Ende beginnend zum Stielansatz), in dünne Scheiben schneiden oder hobeln. Saure Sahne oder Joghurt mit Essig oder Zitronensaft, Zwiebelwürfel, Salz und einer Prise Zucker verrühren, die Gurkenscheiben hineingeben und darin vermischen. – Wir können den Salat auch noch mit gehackten Kräutern bestreuen.

Buttermilchspeise

1 l Buttermilch
100 g Zucker, 1 Zitrone
10 Blatt weiße Gelatine
2 Blatt rote Gelatine

Buttermilch mit Zucker und dem Saft einer Zitrone verquirlen. Gelatine in heißem Wasser einweichen, ausdrücken, zur Buttermilch geben und verrühren. Bis kurz vor dem Erstarren öfters umrühren, da sich sonst der Farbstoff der roten Gelatine auf der Oberfläche absetzen würde.

Rote Grütze (auch Wackeltante genannt)

500 g Himbeeren
100 g Zucker
125 g Grieß (oder
90 g Stärkemehl)

Dies gehört zu den herrlichsten Kindheitserinnerungen: Rote Grütze aus Waldhimbeeren vom Eulengebirge bei Kaschbach an heißen Sommerabenden! Schmeckt aber auch mit anderen Himbeeren gut!
Himbeeren waschen, in $1/2$ l Wasser aufkochen, durch ein Sieb streichen. Flüssigkeit mit Wasser auf $3/4$ l ergänzen, Zucker zufügen, aufkochen, Grieß oder das angerührte Stärkemehl zugeben (Grieß 15 Minuten ausquellen, Stärkemehl nur einige Minuten aufkochen lassen). Die Grütze in eine kalt ausgespülte Schüssel gießen, erstarren lassen, stürzen und mit Schlagsahne oder Vanillesauce servieren.

Zitronenkaltschale

1 l Milch, 80 g Zucker
1 Päckchen Vanillepud-
dingpulver, 1–2 Zitronen

Milch und Zucker aufkochen, mit dem angerührten Puddingpulver binden. Mit Zitronensaft und abgeriebener Zitronenschale abschmekken und gut gekühlt servieren.

Gestarn no gesund und munter, und heute schmeckt's schun wieder.

Blaubeerkaltschale

250 g Blaubeeren
100 g Zucker, 3/4 l Milch
Zitronenschale
30 g Stärkemehl
1 Eigelb

Blaubeeren waschen, putzen, zuckern, im eigenen Saft aufkochen und durch ein Sieb streichen. Milch mit Zitronenschale aufkochen und mit dem in etwas Wasser angerührten Stärkemehl binden. Eigelb mit 2 Eßlöffeln Wasser verrühren und in die heiße, aber nicht mehr kochende Milch geben und erkalten lassen. Den Blaubeersaft untermischen, abschmecken und gut gekühlt servieren.

Käsekuchen

Hefeteig:
50 g Hefe, 1/4 l Milch
750 g Mehl, 175 g Butter
125 g Zucker
1 Päckchen Vanillezucker
2 Eier, Salz

Käsemasse:
175 g Butter, 250 g Zucker
6 Eier
2 1/2 kg Weißkäse (Quark)
1 Päckchen Vanille-
puddingpulver
125 g Rosinen

Im Reigen der schlesischen Lieblingskuchen darf ein Käse-Blechkuchen keineswegs fehlen. Er ist nicht so anspruchsvoll wie eine feine Käsetorte, dafür aber – und das ist wichtig – kann man wesentlich größere Portionen davon vertragen.
Hefeteig: Die Hefe mit 3 Eßlöffeln lauwarmer Milch in einer Tasse auflösen. Aus Mehl, 125 g zerlassener Butter, Zucker, Vanillezucker, Eiern, einer Prise Salz, der restlichen lauwarmen Milch und der aufgelösten Hefe einen Teig bereiten. Mit einem Tuch zudecken und an warmem Ort aufgehen lassen. Ein Kuchenblech mit Fett ausstreichen, mit Mehl bestreuen, den Teig aufstreichen und nochmals zugedeckt gehen lassen. Den Rest Butter zerlassen und den Teig damit bestreichen. Mehrmals mit einer Gabel einstechen. – Käsemasse: Butter, Zucker und Eigelb schaumig rühren. Quark durch ein Sieb streichen und dazugeben, Puddingpulver zufügen. Das Eiweiß zu Schnee schlagen, die gewaschenen Rosinen zufügen und unter die Käsemasse heben. Auf den Hefeteig streichen und bei Mittelhitze backen.

Käsetaschen

Hefeteig:
30–40 g Hefe, 1/8–1/4 l Milch
500 g Mehl, 60 g Butter
60 g Zucker, 1 Ei, Salz

Die Hefe mit 3 Eßlöffeln lauwarmer Milch in einer Tasse auflösen. Aus Mehl, zerlassener Butter, Zucker, Ei, einer Prise Salz, der restlichen lauwarmen Milch und der aufgelösten Hefe einen Teig bereiten. Mit einem Tuch zudecken und an warmem Ort aufgehen lassen. – Den

Käsefüllung:
250 g Weißkäse (Quark)
60 g Zucker, 1 Ei
60 g Sultaninen
Zum Bestreichen:
125 g Puderzucker

aufgegangenen Hefeteig 1 bis 1¹/₂ cm dick ausrollen, Quadrate schneiden. Alle Zutaten zur Käsefüllung gut vermischen, anteilmäßig in die Mitte der Quadrate verteilen, alle vier Ecken zur Mitte hin einschlagen, festdrücken. Nochmals zugedeckt gehen lassen, bei Mittelhitze etwa 15 Minuten backen, noch heiß mit Zuckerguß (Puderzucker mit 3 Eßlöffeln Wasser verrühren) bestreichen.

Triftiger Grund

In jenen Kriegsjahren, da selbst in den schlesischen Dörfern die Lebensmittel schon knapp wurden, suchten die Kinder ihrer beliebten Lehrerin mit allerlei kleinen Aufmerksamkeiten zu helfen. Mal brachte eins Obst, mal ein anderes paar Eier, mal wieder ein drittes etwas vom Schlachtefest. Klee-Maxel, der Häuslerssohn, war ganz betrübt, daß es bei ihm zu Hause nicht ganz reichte und Schmalhans schon öfter Küchenmeister war.

»Freilein«, so flüsterte er nach Schulschluß von einem Mal zum andern, »possen Se uff – murne, do breng ich fer Sie a Kerbel Kerschen mite!« – Das Fräulein paßte Tag für Tag auf, aber die versprochenen Kirschen kamen nicht. Natürlich erinnerte oder mahnte es nicht; doch schien Klee-Maxel selbst die Sache zu dumm zu werden. Denn als er sich wieder nach dem Unterricht verabschiedete, stürzten plötzlich die Tränen aus seinen treuherzigen wasserblauen Augen, und er sagte nur trübetimplich: »Och, Freele, der Nupper, der poßt ju immer asu ticksch uff!«

ALFONS HAYDUK

Was die Erntemonate bringen

Uff a Sunntig, lieber Franz,
is bei uns der Weezekranz.
Doo gieht's uchsig tulle her,
doo druff freun ber uns gor sehr.
Kaffe, Kuchen, Branntwein, Bier
krieg'n umsunste oalle wir,
und 's wird bis ei späte Nacht
a grußer Sums gemacht!

Mit überschäumender Lebensfreude feiern die Schlesier ihre Feste. Und Essen und Trinken kommen nicht zu kurz – sei's beim Kindelschmaus (Taufe), auf der Huxt (Hochzeit), beim Schlachtfest oder bei der Kerms (Kirmes). Die Kerms wurde mit allem, was Küche und Keller zu bieten hatten, gefeiert. Unter der Erntekrone, gewunden aus Ähren, Eichenlaub, Blumen und Goldpapier, wogte ein singendes, tanzendes und lebensfrohes Völkchen bis in die frühen Morgenstunden.

Kermslied

Die schinnste Zeit vo olla Zeita,
doas ies die Kerms, war wiels bestreita?
Die Arn leit ei derr Scheune drinne,
die Rüba hoan merr o schunt hinne.
Nu werd gegassa und getrunka,
viel gude Tunke wulln merr tunka.
Viel fette Schweinla müssa sterba,
üm doß merr recht viel Bluttwurscht erba.
Mookließla gibbts und ale Quärge,
und Sträselkucha ganze Berge.

Derr Koffee dompft ei tiefe Tossa,
a Striezel wulln merr nich verpossa.
Is Himmelreich kocht schunt eim Tuppe,
siehr gutt ies o die Pflaumasuppe.
Die Kließla, doas sein runde Dinger,
ma joat se ei a Schlung ahinger.
Krientunke, die gibbt Kroft und Wärme,
derr Äppelpappe schmärt de Därme.
A aler Kurn verjüngt die Glieder,
Opptiet macht ins a Harich wieder.
War Hunger hoot, nimmt sich n' Schniete,
a Stücke Preßwurscht zum Opptiete.
Die sauern Gurka lußt nich liega,
ihr kinnt o frischa Rattig kriega.
Ihr kinnt oo Kase hoan ei Stücka,
die Puttermilch war euch erquicka.
War Weechquork liebt, braucht nich zu schmachta,
'n Oppel wulln merr nich verachta.
Werd o derr Maga immer vüller,
beim Tanza werd ins wieder wüller.
Merr hopsa wie die junge Frösche,
doas macht Opptiet, doas Rimgepresche.
Nu sitz merr wieder ohne Surga
und schnoabeliern bis ei a Murga.

ERNST SCHENKE

Erbsensuppe mit Schweinsohren

Bei Erwähnung dieses Gerichtes geht jedem Schlesier das Herz auf, ein
verklärtes Lächeln zieht über sein Gesicht. Wie überhaupt alles Schweinerne hoch in Ehren steht, so ist auch eine dicke Erbsensuppe mit
Schweinsohren so recht nach seinem Geschmack – besonders wenn es
draußen stürmt und schneit.

200 g geschälte Erbsen
2 gepökelte oder
ungepökelte Schweinsohren
Wurzelzeug (Suppengemüse)
Salz, 20 g Butter, 20 g Mehl

Die gewaschenen Erbsen 1 Stunde vor Beginn der Essenszubereitung einweichen. Die gewaschenen Schweinsohren in 2 l Wasser zusammen mit den eingeweichten Erbsen, dem geputzten Wurzelzeug und Salz weichkochen. Schweinsohren herausnehmen, Erbsensuppe durch ein Sieb streichen. Aus Butter und Mehl eine helle Einbrenne bereiten, mit der passierten Erbsensuppe auffüllen. Schweinsohren in Streifen schneiden und in die Suppe geben.

Geschnörresuppe (Gänse- oder Entenklein)

1 Gänseklein (oder
2 Entenklein), Salz
Wurzelzeug (Suppengemüse)
60 g Suppen-
nudeln (oder Reis)
Petersilie

Das Geschnörre bildet oft den Auftakt zu großen Festtagsessen, bei denen dann Gänse- oder Entenbraten folgt. In vielen Familien gibt es am Tage vor Martini, am Heiligen Abend oder an Silvester eine Geschnörresuppe, die bereits Herz und Magen auf die am nächsten Tag folgenden Genüsse vorbereitet. Heute brauchen wir so festliche Anlässe nicht immer abzuwarten, um eine Geschnörresuppe auf den Tisch bringen zu können. Gänse- und Entenklein gibt es das ganze Jahr über aus der Tiefkühltruhe und ist eine preiswerte Abwechslung in unserem Speisezettel.

Das vorbereitete Geflügelklein in 2 l kochendem Salzwasser mit dem geputzten Wurzelzeug ansetzen und 2 bis 3 Stunden kochen, durch ein Sieb geben. Die Einlage (Nudeln oder Reis) gesondert kochen und mit dem von den Knochen gelösten Fleisch in die Brühe geben, abschmekken und gehackte Petersilie zufügen. – Anstatt der Nudeln oder Reis ist auch eine Einbrenne, mit Brühe abgelöscht, als Einlage empfehlenswert.

Eisbein

Mit Eisbein verbindet der Breslauer fast automatisch den Stammtisch bei Kißling oder im Schweidnitzer Keller, dem traditionsreichen Lokal im Breslauer Rathaus. Auch bei Hennig, auf der Hinterbleiche, gab's herrliches Eisbein, und man spülte es dort mit einem »Hosenbrummer« (Einfachbier) und einer »Gallone« Korn hinunter, und sogar behäbige

750 g Eisbein, 1 Zwiebel
3 Gewürzkörner
3 Pfefferkörner
1 Lorbeerblatt

Studentenmütter wußten das zu schätzen, wenn sie ihre Söhne im Breslauer Universitätsviertel besuchten.

Die gewaschenen Eisbeinstücke mit der Zwiebel und den Gewürzen in 2 l kaltem Wasser aufsetzen und 2 bis 3 Stunden kochen. – Erbsenbrei (siehe Seite 50), Sauerkraut und eine Scheibe Brot gehören dazu. Und natürlich ein zischendes Kißling-Bier oder ein »Hennig-Korn«, genannt »Hennig-Creme«.

Schwärtelbraten

1 kg magere Schweinekeule
mit Schwarte
Salz, Pfeffer, Kümmel
1 Zwiebel
2 Teel. Stärkemehl
eventuell 1/8 l saure Sahne

Welchem Schlesier läuft nicht bei Nennung dieses Gerichtes das Wasser im Munde zusammen? Ein knuspriger Schwärtelbraten mit Klößen und Sauerkraut könnte wohl jeden Sonntag auf dem Tisch stehen.

Das Fleisch mit Salz, Pfeffer und Kümmel einreiben. 1/4 l Wasser aufkochen, das Fleisch – mit der Schwarte nach oben – hineingeben, zudecken und im mittelheißen Backrohr etwa 45 Minuten dünsten. Dann die Schwarte und die darunterliegende Fettschicht karoförmig einschneiden, Zwiebelscheiben zufügen, und die Keule unter öfterem Begießen unzugedeckt im Backrohr braten. Während der letzten 15 bis 20 Minuten Bratzeit das Fleisch nicht mehr begießen, damit die Schwärtel (Schwartenstückchen) schön knusprig werden. Die Sauce mit dem angerührten Stärkemehl binden, abschmecken und eventuell saure Sahne zufügen. Das Fleisch in Scheiben schneiden und mit der Sauce anrichten.

Sauerbraten

500–600 g Rindfleisch (ohne
Knochen)

Beize:
1 Zwiebel
Wurzelzeug (Suppengemüse)
6 Eßl. Essig, 8 Pfefferkörner
1 Lorbeerblatt

Das Fleisch 2 bis 4 Tage in eine Beize legen: Zwiebel in Scheiben schneiden und Wurzelzeug waschen und putzen. Mit den anderen Zutaten 10 Minuten in 1 l Wasser kochen, erkaltet über das Fleisch gießen. – Nach dieser Zeit das Fleisch aus der Beize nehmen, mit Salz und Pfeffer einreiben, in Mehl wenden, in die siedende Butter geben und von allen Seiten braun anbraten. So viel von der Beize zugeben, daß das Fleisch zur Hälfte bedeckt ist. Zudecken und bei öfterem Wenden 2 Stunden schmoren. Die Sauce durch ein Sieb streichen, eventuell mit

Salz, Pfeffer
20 g Mehl, 40 g Butter

angerührtem Mehl oder Stärkemehl leicht binden, über das in Scheiben geschnittene Fleisch geben. – Und dazu gibt's Semmelklöße (siehe Seite 50).

Schmorbraten

500–600 g Rindfleisch (ohne Knochen)
eventuell 40 g Räucherspeck in Streifen, Salz, Pfeffer
20 g Mehl, 40 g Butter
Wurzelzeug, 1 Zwiebel
1 kleines Lorbeerblatt
5 Pfeffer-, 2 Gewürzkörner
1 Stück Brotrinde
⅛ l saure Sahne

Das Fleisch kann mit Räucherspeck gespickt oder ungespickt geschmort werden. Das Fleisch mit Salz und Pfeffer einreiben, in Mehl wenden, in die siedende Butter geben und von allen Seiten braun anbraten. Das geputzte, gewaschene und kleingeschnittene Wurzelzeug (Suppengemüse), die würfelig geschnittene Zwiebel, die Gewürze, Brotrinde, Sahne und so viel kochendes Wasser zugeben, daß das Fleisch zur Hälfte bedeckt ist. Zudecken und bei öfterem Wenden 2 Stunden schmoren. Die Sauce durch ein Sieb streichen, über das in Scheiben geschnittene Fleisch geben. – Die passierte Sauce eventuell mit angerührtem Mehl oder Stärkemehl leicht binden.

500–600 g Rindfleisch (ohne Knochen)
Salz, Pfeffer
20 g Mehl, 40 g Butter
Wurzelzeug (Suppengemüse)
¼ l Malzbier
3 Wacholderbeeren
50 g Fischpfefferkuchen
2 Eßl. Essig, Zucker

Eine andere Art der Schmorbraten-Zubereitung ist in Schlesien ebenfalls sehr beliebt: Das Fleisch wird ebenso wie im vorigen Rezept behandelt. Nach dem Anbraten das geputzte, kleingeschnittene Wurzelzeug, Bier, Wacholderbeeren und so viel kochendes Wasser zugeben, daß das Fleisch zur Hälfte bedeckt ist. Zudecken und bei öfterem Wenden 2 Stunden schmoren. Fleisch herausnehmen, Fischpfefferkuchen reiben, mit Essig verrühren, der Sauce beifügen, mehrmals aufkochen lassen und mit Salz und Zucker abschmecken. Die passierte Sauce über das in Scheiben geschnittene Fleisch geben. – Zu Schmorbraten gehören: Kartoffel- oder Semmelklöße (siehe Seite 48 und Seite 50), Sauer- oder Blaukraut (siehe Seite 50).

Wuhl dam, dam's schmeckt, un er hot nischt!

Salber assa macht fett.

Lieba a bißla gutt gelabt und nich asu lange.

Der Buhlfleescher

Unse Paster soate amoll zum Buhlfleescher: »Herr Buhl, nehmen Sie es mir nicht übel! Aber gestern haben Sie unserem Mädchen ein besonders zähes Stück Fleisch gegeben. Wenn wir einmal ein gutes Stück Fleisch haben wollen, müssen wir's uns aus Zobten mitbringen lassen!« – »Doo gieht's Ihn ju genau asu wie üns, Herr Paster«, meente der Buhlfleescher, »bir missa nämlich ooch no Zota (Zobten) giehn, wenn doaß ber amoll 'n gude Prädicht hiern wulln!«

HANS RÖSSLER

Lommels Eisbein

Ja, das gude Assa, das liebten unsere Schläsinger zu allen Zeiten. Als Ludwig Manfred Lommel noch nicht von der Schlesischen Funkstunde entdeckt worden war und also auch noch nicht mit seinem »Sender Runxendorf« seinen Lebensunterhalt bestritt, sondern mit kleineren Sachen vorlieb nehmen mußte, da verdiente er sein tägliches Brot recht und schlecht als Reisender.

»Här'n Se, Lommel«, sagte eines Morgens der Chef, »Se fahrn glei nach Polkwitz, do sein Se mittags da, verspachteln a Eisbeen ei'm ›Guldenen Lomm‹, und so gestärkt, besuchen Se unsre Polkwitzer Kundschaft. Bittä de Abschlisse dann glei per Tälegramm. Mer kennen druffhin insre Dischpusitzionen träffen! Adjee!«

»Adjee!« sagte auch Lommel und freute sich auf's Guldene Lomm mit den Eisbeinen, indes er sich auf dem Hinterperron der »Gürtelschleiche«, die ihn zum Hauptbahnhof brachte, die eigenen Haxen vertrat. Dann reiste er los. – Nachmittags kam tatsächlich das Telegramm, das der Chef erwartete. Er riß es auf. Es war aber nicht in Polkwitz aufgegeben, wo die gute Kundschaft saß, sondern in Liegnitz, wo die Konkurrenz den Markt beherrschte und abgraste. Lommel drahtete: »In ganz Polkwitz kein Eisbein erhältlich – stop – versuche mein Glück jetzt in Liegnitz.« Wir hoffen, daß er es wirklich gefunden hat.

ALFONS HAYDUK

Immer schissa Se!

Weil Hermonn a su gespoaßig woar – aber nich bluß desterwägen –, toat 'n derr Joadpächter uffn Hofe immer zerr Joad eiloada. – Uff su a Joad, doas wart' err ju wissa, do gibbts zweerlee Surta Menscha – Treiber und Schütza. Under da Schütza sein wieder zweerlee Surta, richt'ge und folsche. Die folscha heeßt ma o Sunntichjager. Su zahn Schriete vo Hermonn stond su enner, su a richtiger gelernter Sunntichjager.

A Hoase koam ganz nohnde verbei. Dar zielte – – plautz druuf – dar Hoase liff ruhig wetter, 's hott'm nischt getoon. Do soate Hermonn ieber dan Kärle: »Schissa Se ock noch amol, dar werd's nich gehurrt honn!«

WILHELM MENZEL

Gut begriffen

In den oberschlesischen Wäldern lebte ein bärtiger Forstmann, der verschmähte keineswegs einen guten Tropfen. Vielmehr war er darauf bedacht, daß ihm in dieser Hinsicht keiner über war. – So paßte es ihm gar nicht, daß am Schlusse einer Treibjagd der jüngste Treiber es ebenso lange an der Theke aushielt, wie er selber.

»Als ich so alt war wie du – du Grünhorn«, so maulte er brabbelig hinter seinem Barte, »da hab ich überhaupt noch nicht gewußt, was eigentlich ein ›Weißer Zwirn‹ ist – von einem ›Roten Ungar‹ gar nicht zu reden!«

»Jäsder, Herr Foschtmeister«, verwunderte sich da höchst ehrlich der wackere Sohn der oberschlesischen Wälder, »da haben Sie's ja nachträglich aber noch ganz gutt begriffen!«

ALFONS HAYDUK

Besser 'ne Laus im Kraute, oas gor kee Fleesch.

Aßt oach, ihr Leutla, sust kriega's de Schweine.

41

Hasenbraten

1 Hasenrücken, 2 Schlegel
1 1/2 l Buttermilch
100 g Speck
Pfeffer, Salz
Wacholderbeeren
Gewürzkörner
Thymian, Muskat
Pfefferkörner
60 g Butter, 2 Eßl. Mehl
1/8 l saure Sahne

Am 15. Oktober geht in der Regel die Hasenjagd auf, und dieser Termin leitet einen der Höhepunkte jagdlichen Erlebens ein: die Treibjagd. Reviere mit Ausmaßen, von denen man sich in Westdeutschland keine Vorstellung machen kann, sorgten bei uns in Schlesien für ein überaus reiches Wildvorkommen. Es ist kein Jägerlatein, was mir mein Vater, selbst leidenschaftlicher Jäger, erzählte: In dem 10 000 Morgen großen Revier des Herrn von Nehring, das um Breslau herum lag, betrug zum Beispiel die Strecke einer Treibjagd, die nach dem Plan der »böhmischen Schleppe« angeordnet worden war, 2000 Hasen. Dabei kamen auf einen Schützen über 200 Stück Hasen. Da mußte er den Finger schon unentwegt am Abzug haben!

Hasenrücken und Schlegel zwei Tage vorher in Buttermilch legen und zugedeckt kühl stellen. Speck in Streifen schneiden, Fleisch abtrocknen, spicken, mit Pfeffer, Salz und den zerdrückten Wacholderbeeren einreiben. Fleisch und Gewürze in die heiße Butter geben. Unter häufigem Begießen im eigenen Saft garen. Der Rücken braucht etwa 40 Minuten, die Schlegel 1 bis 1 1/2 Stunden. Es empfiehlt sich daher, den Rücken nach der angegebenen Zeit herauszunehmen und warmzustellen. Nachdem auch die Schlegel herausgenommen sind, das angerührte Mehl in den Bratensaft geben und mit 1/4 l Wasser und der Sahne aufgießen, 15 Minuten kochen lassen. Die Sauce durch ein Sieb streichen, den Rücken in 4 bis 6 Teile, die Schlegel in je 3 Stücke zerlegen und mit der Sauce überzogen anrichten. – Beilagen: Blaukraut (Seite 50), Kartoffelklößel (Seite 48), Apfelmus oder Preiselbeerkompott, Selleriesalat (Seite 51).

Gurkensauce zu gekochtem Rindfleisch

Die Gurke stand in Schlesien in hohem Ansehen. Sie zählte zu einer der vielen Spezialitäten, die die Piastenstadt Liegnitz aufzuweisen hatte. Liegnitzer Gurken, Liegnitzer Sauerkraut, Liegnitzer Bomben sind weit über Schlesiens Grenzen hinaus kulinarische Begriffe.

1 saure Gurke
40 g Butter, 40 g Mehl
Essig oder Zitronensaft
Salz, Zucker

Gurke schälen, in Würfel schneiden. Aus Butter und Mehl eine dunkle Einbrenne bereiten, mit ¹/₂ l Wasser oder Brühe ablöschen, Gurkenwürfel zufügen und garen. Mit den übrigen Zutaten süß-säuerlich abschmecken.

Kümmelsauce zu gekochtem Hammel- oder Schweinefleisch

2 Eßl. Kümmel
1 Eßl. Zwiebelwürfel
40 g Butter, 40 g Mehl
Salz

Kümmel ist des Schlesiers Lieblingsgewürz. Er nimmt ihn nicht nur mit Quark, Bratkartoffeln und Schweinebraten, um nur einige wenige Anwendungsbereiche zu nennen, zu sich, sondern »kümmelt« auch gern einen in Form von Kümmelschnaps. – Hier soll jedoch von der soliden Kümmelsauce die Rede sein.
Den Kümmel in ¹/₄ l Wasser 15 Minuten kochen. Zwiebelwürfel in der Butter glasig dünsten, Mehl zufügen und mit dem Kümmelwasser und ¹/₂ l Wasser oder Brühe ablöschen. Mit Salz abschmecken.

Meerrettichsauce (Krensauce) zu gekochtem Rindfleisch

40 g Butter, 40 g Mehl
¹/₄ l Brühe, ¹/₄ l Milch
1 Meerrettichwurzel (mittel-
groß)
Zitronensaft
Salz, Zucker

Trotz aller Vorliebe für süße Sachen fühlt sich der Schlesier dem scharfen Meerrettich sehr verbunden. Gerieben und vermischt mit wenig Schlagsahne darf er am Heiligen Abend neben dem angerichteten Karpfen nicht fehlen.
Aus Butter und Mehl eine helle Einbrenne bereiten, mit ¹/₄ l Brühe und ¹/₄ l Milch aufgießen. Meerrettichwurzel gründlich reinigen (am besten bürsten), abschaben, reiben und mit Zitronensaft beträufeln. Der Einbrenne zufügen, nicht mehr kochen lassen. Mit Salz und Zucker abschmecken.

Mostrichsauce (Senfsauce) zu gekochtem Rindfleisch und Eiern

40 g Butter, 40 g Mehl
1–2 Eßl. Mostrich (Senf)
Salz, Zucker
1 Eßl. Zitronensaft

Aus Butter und Mehl eine helle Einbrenne bereiten, mit ¹/₂ l Wasser oder Brühe ablöschen und 15 Minuten kochen. Mostrich mit 2 Eßlöffeln Wasser glatt verrühren, zufügen und mit Salz, Zucker und Zitronensaft abschmecken.

Gänseschwarzsauer

250 g Backobst, 1 Gänseklein
Wurzelzeug (Suppengemüse)
Salz, ¹/₄ l Gänseblut
2 Eßl. Mehl, Zucker, Essig
Zitronensaft

Am Abend vorher Backobst einweichen. – Das vorbereitete Gänseklein mit dem geputzten Wurzelzeug in Salzwasser etwa 2 Stunden kochen, aus der Brühe nehmen und diese durch ein Sieb gießen. Das eingeweichte Backobst etwa ¹/₂ bis ³/₄ Stunde in der Gänsebrühe kochen, herausnehmen. Mehl mit Gänseblut anrühren, in die Brühe geben, noch 10 bis 15 Minuten kochen. Mit Salz, Zucker, Essig und Zitronensaft abschmecken und die Sauce über das die Stücke geteilte Fleisch und das Backobst gießen. – Dazu: Kartoffelklöße (siehe Seite 48).

Gallert (Sülze)

1 Schweinsohr, 1 Kalbsfuß
1 Zwiebel, 3 Pfefferkörner
3 Gewürzkörner, Salz
¹/₈ l Essig
750 g Schweinefleisch
1 saure Gurke (oder
2 Gewürzgurken)

Gallert, mit Essig und Öl beträufelt, mit Zwiebelringen bestreut und dazu Bratkartoffeln – auch das ist ein kleines »Schlesisches Himmelreich« auf Erden. Und daß eine hausgemachte Gallert eine fertiggekaufte an Geschmack bei weitem übertrifft – das ist allen klar. Die Zeitfrage ist natürlich ein anderes Problem.
Schweinsohr, Kalbsfuß, Zwiebel, Pfeffer- und Gewürzkörner, Salz und Essig in 1¹/₂ l kaltem Wasser ansetzen und 2 bis 3 Stunden kochen. (Wer das lange Kochen der leimgebenden Fleischteile, wie Schweinsohr und Kalbsfuß, vermeiden will, nehme 1 l beliebige Brühe und gebe 12 bis 16 Blatt aufgelöste weiße Gelatine dazu. 12 Blatt genügen, wenn die Sülze nicht gestürzt werden soll, sonst benötigt man 16 Blatt.) Das Schweinefleisch in die kochende Brühe geben und nach etwa 1 Stunde herausnehmen. Nach insgesamt etwa 3 Stunden Kochzeit das an der Oberfläche der Brühe abgesetzte Fett abnehmen, Brühe durch ein Sieb gießen und mit Salz und Essig abschmecken. Das Fleisch von den Knochen lösen, in Würfel schneiden, Gurken ebenfalls in Würfel schneiden und in die Brühe geben. Das Ganze öfter umrühren und, wenn es anfängt steif zu werden, in eine mit kaltem Wasser ausgespülte Schüssel oder mehrere kleine Förmchen gießen, erstarren lassen, vor Gebrauch stürzen. Die fertige Gallert wie am Anfang beschrieben zu Tisch bringen. – Man kann auch anstatt des Schweinefleisches Kalbfleisch ver-

wenden und gibt dann zusätzlich 125 bis 150 g Schwarten als Geliergut und Suppengemüse hinzu. Die weichgekochten Schwarten durch die Maschine drehen oder in kleine Würfel schneiden. Sonst genauso wie im obigen Rezept verfahren.

Wellwurst

1 kg Bauchfleisch, 50 g Salz
500 g Schweineleber
125 g Zwiebeln, 125 g Fett
250 g Semmeln
250 g gekochte Schwarten
1 Eßl. Thymian
2 Eßl. Majoran
1 Messerspitze Pfeffer
Dünndärme

Dieser Wurst trauern wir Schlesier wohl am meisten nach, denn kein Fleischer macht sie hier so, wie wir sie lieben und gewöhnt waren. Was bleibt uns da anderes übrig, als von Zeit zu Zeit selbst eine Wellwurst wie »Anno dazumal« zu bereiten! Es ist gar nicht so schwer, versuchen Sie's einmal, auch wenn Sie nicht zu jenen gehören, die selbst ein Schwein im Stall haben und ein Schlachtfest feiern können.

Ehe Sie mit der Wursterei beginnen, sollten sie folgende Grundregeln kennen: nur tadelloses Fleisch verarbeiten. Das gekochte Fleisch am besten noch warm durch die Maschine drehen. Die Wurst bindet dann besser. Die Gewürze möglichst am Vortag bereitstellen, damit sie dann griffbereit sind. Naturdärme oft im warmen Wasser wenden, bis das Wasser klar bleibt. Vor dem Einfüllen der Wurstmasse die innere glatte Seite der Därme nach außen kehren.

Bauchfleisch in kochendem Salzwasser ansetzen und nicht zu weich garen. Die rohe Leber und das gekochte Fleisch in Würfel schneiden. Die grobgehackten Zwiebeln in Fett 1/2 Stunde bei geringer Hitze kochen. Hierbei darf sich weder die Farbe der Zwiebeln noch des Fettes verändern. Semmeln in 3/8 l Brühe einweichen und zerkleinern. Fleisch, Leber und Semmelmasse sowie die Schwarten einmal durch die Maschine drehen, das Zwiebelfett durch ein Sieb dazugeben, die Masse mit den Gewürzen vermischen und mit Salz abschmecken. Durch einen Wursttrichter in die Därme einfüllen (nicht zu fest!) und zubinden. Die Würste nach einmaligem Aufkochen 25 bis 30 Minuten ziehen lassen. – Auch gebraten schmeckt die Wellwurst ausgezeichnet. Zur *Blutwurst* die gleichen Zutaten verwenden, außer der Leber, die durch 1 l Schweineblut ersetzt wird. Zur Wellwurst ißt man Sauerkraut und Kartoffeln oder Brot.

In der Oderfestung Cosel diente ein braver Oberschlesier als treuer Musketier des Alten Fritzen. Vom Festungswall, auf dem er die Wache bezogen hatte, schaute er über den blauen Strom und die weiten grünen Wälder in die östliche Ferne, wo er sein geliebtes Heimatdorf wußte. Das Heimweh zwackte ihn ordentlich, daß er direkt ein Gefühl der Leere in der Magengegend verspürte, und da wußte er nichts Besseres anzufangen, als in den Brotbeutel zu greifen und eine prächtige schwarze Wurst hervorzuholen, die ihm die Lena, seine Braut, erst gestern beim Sonntagsbesuch vom Schweinschlachten daheim über die Oder gebracht hatte. Ja, es war keine gewöhnliche Fleischerwurst, sondern eine hausschlachterne, wie man sie nur in Oberschlesien kennt, aus Graupen, Semmeln, Speck und Blut und kräftig gewürzt dazu, ein richtiger oberschlesischer Krupniok.

Der Wachsoldat beißt also herzhaft in seinen heimatlichen Krupniok und kaut gar gewaltig auf beiden Backen; denn Heimweh und Hunger haben es in sich. Kommt doch da – es war die Zeit der königlichen Visitationsreisen – ein unscheinbares Männlein, gestützt auf seinen Krückstock, in blauem Waffenrock ohne alle Rangabzeichen daher und bleibt, die kühne Adlernase vorstreckend, vor unserm Kokoschützer Jungen stehen, der seelenvergnügt weiterkaut.

»Heda, Musketier, was kaut Er denn da so eifrig – parbleu?« – »Nu was – järunje!« stottert der Soldat zwischen den mahlenden Kiefern hervor, »was extra Gutes von zu Hause! Dreimal dirfen Sie ratten!« – »Hm – is es vielleicht fette Krakauer?« – »A bissel was mehr!« – »Mon dieu – is es vielleicht gute Breslauer? – »A bissel was mehr!« – »Potz Blitz – dann is es ein richtiger oberschlesischer Krupniok!« – »Järunje, richtig – was einmal da mehr!«

Der Musketier strahlte übers ganze Gesicht, und der Alte lachte aus vollem Halse mit, um schließlich schelmisch blitzenden Auges zu sagen: »Nu rate aber Er mal, wer ich denn eigentlich bin! Dreimal sei es verstattet, sonste da –.« Und er machte eine unmißverständliche Bewegung mit dem Krückstock.

»Hm – da sin Sie ja vielleicht schon een pensionierter Hauptmann?« –
»A bissel was mehr!« – »Jäkusch – da vielleichte gar een ausrangierter
General?« – »A bissel was mehr!« – »Moj boze – da bist du der Keenig!« – Järunje, richtig – was einmal da mehr!« lachte der Alte Fritz.
Der Kokoschützer bekam Kulleraugen: »Uijeh – da halten Sie bloß
mal schnell den Krupniok; denn wenn Keenig, da muß ich ja schon
präsentieren!«   ALFONS HAYDUK

Wellfleeschassa

Werdt bei uns a Schwein geschlacht,
Wellfleeschassa watt gemacht.
Warde mietgemacht sulch Assen
werds sei Laba nich vergassen!
Aus dem Kessel kumma hees
ganze Schüsseln vuller Fleesch,
mit der Goabel, ees zwee drei
fährt ma ei die Schüssel nei.
Nimmt sich glei vu jedem woas,
ees nimmt dies, ees nimmt doas.
Enner grefft glei no da Zunga,
enner wieder no da Lunga,
enner grefft nom Gorgelknota,
enner Fettes, ganze Knota,
enner will a Nierla hoan,
ees macht sich oan's Harze droan,
ees nimmt sich is Schwänzle har,
ees doas klaupt a Kupp itz lar!
Doas da Maga gutt verdaut,
gibt's derzune Krien und Kraut!
Und in Korn gibt's fer o Dorscht,
glei druf kimmt die frische Woscht!
Wie doas schmeckt, herjekersch nee,
schoade bluss, ma koan nich meh!

Birnen mit Fleisch und Klößen

500 g *Schweinefleisch, Salz*
750 g *Birnen,* 30 g *Butter*
30 g *Mehl, Zucker*
eventuell Zitronensaft

Fleisch gemeinsam mit verschiedenen Obstsorten zubereitet, ist heute wieder hochaktuell und gilt als erlesener Gaumengenuß unter Feinschmeckern. Die »alten« Schlesier kannten diese Kombination schon lange und labten sich nicht nur an ihrem »Schlesischen Himmelreich« (Fleisch mit Backobst und Klößen), sondern auch noch an manchen anderen, ähnlichen Gerichten. Birnen mit Klößen schmeckt zum Beispiel auch als fleischloses Gericht an Fastentagen sehr gut. Hier wird es *mit* Fleisch beschrieben:

Das Fleisch in 1 l kochendes Salzwasser einlegen und etwa 1 Stunde kochen. Birnen schälen, Kerngehäuse entfernen, halbieren, in die Brühe geben und zusammen mit dem Fleisch weich kochen. – Aus Butter und Mehl eine Einbrenne bereiten, mit der Brühe aufgießen und mit Salz, Zucker und eventuell Zitronensaft abschmecken. Fleisch und Birnen zufügen und mit Semmelklößel (siehe Seite 50) zu Tisch geben.

Kartoffelklößel

1 kg *Pellkartoffeln*
250 g *Mehl oder* 200 g *Grieß*
Salz, 1 *Ei*
eventuell Semmelwürfel
und etwas Butter

Nach diesem Rezept wird der typische schlesische Kloß, unser geliebtes Klößel, bereitet, der zu jedem Braten, Kraut und Gemüse ausgezeichnet mundet. Ein Sonntag ohne Kließla ist für uns Schlesier wie ein Himmel ohne Sterne.

Die gekochten, geschälten Kartoffeln stampfen oder durch die Kartoffelpresse drücken, mit Mehl oder Grieß, Salz und Ei vermischen und rasch zu einem Teig kneten, der nicht an den Händen kleben darf (sonst noch etwas Mehl oder Grieß zufügen). Einen Probekloß formen, ihn in Mehl wälzen und sofort in kochendes Salzwasser einlegen und auf kleiner Flamme aufgedeckt etwa 15 Minuten gar ziehen lassen. Wenn der Kloß zu weich wird, dem Teig noch etwas Mehl oder Grieß zufügen. Nun von dem Teig 4 bis 5 cm dicke Rollen formen und davon Klöße abschneiden. (In Butter angeröstete Semmelwürfel können in die Mitte jedes Kloßes eingerollt werden.) Vor dem Einlegen in kochendes Salzwasser jeden Kloß in Mehl wälzen. (Es muß darauf geachtet werden, daß die Klöße sofort nach der Zubereitung ins kochende Salzwasser kommen, also rechtzeitig das Wasser aufsetzen!) Wieder auf kleiner Flamme aufgedeckt etwa 15 Minuten gar ziehen lassen.

So einfach dieses Rezept auch erscheinen mag – ungezählte junge, schlesische Hausfrauen brachen des öfteren in Tränen aus, weil entweder die Klöße zum Schluß als formlose Masse im Topf herumschwammen oder knochenhart auf dem Teller landeten. Deswegen ist der Probekloß hier besonders wichtig. – Und hier noch ein bewährter Tip für hungrige Sonntagstopfgucker: Schon seit eh und je stibitzten sich schlesische Kinder ein wenig vom Klößelteig, drückten ihn in der Hand flach, legten ihn geschwind auf die heiße Herdplatte – drehten ihn einmal um – und fertig war der »Platzek«. Der schmeckt am besten heiß, auch aus nicht ganz sauberen Kinderhänden. (Kann auch auf der Elektroplatte praktiziert werden.)

Polnische Klößel

1 kg rohe Kartoffeln
500 g Pellkartoffeln
Salz, 2 Eier, 1 Semmel
20 g Fett

Je weiter man von Niederschlesien ins oberschlesische Gebiet hineinkommt, desto öfter begegnet man dem polnischen Klößel, das vorwiegend aus rohen Kartoffeln zubereitet wird. Es bedarf vieler Geschicklichkeit, wenn die Klößel schön locker geraten und nicht zerfallen sollen.

Die rohen, geschälten Kartoffeln in kaltes Wasser hineinreiben und durch ein Tuch pressen. Das Wasser eine Weile stehen lassen und die sich am Boden abgesetzte Stärke mit in den Teig geben. Die gekochten Kartoffeln schälen, reiben und mit Salz und Eiern in die rohe Kartoffelmasse mischen. Semmel in Würfel schneiden, im Fett anrösten und entweder alle in die Teigmasse geben oder immer einige in die Mitte jeden Kloßes. Klöße formen, in Mehl wenden, sofort in kochendes Salzwasser einlegen und auf kleiner Flamme unzugedeckt etwa 20 Minuten gar ziehen lassen.

49

Semmelklößel

8 altbackene Semmeln, Salz
1 Zwiebel, 40 g Butter
Petersilie, Majoran gerebelt
3/8 l Milch, 2 Eier

Semmeln in dünne Scheiben schneiden, mit Salz bestreuen. Zwiebel in Würfel schneiden, in der Butter glasig dünsten und mit der gehackten Petersilie und etwas Majoran zu den Semmelscheiben geben. Mit lauwarmer Milch übergießen und einziehen lassen. Dann die Eier zugeben, alles gut verkneten und mit nassen Händen Klöße formen. In kochendes Salzwasser einlegen und unzugedeckt 20 Minuten gar ziehen lassen. – Semmelklößel können als Beilage zu Braten gegessen werden, sie schmecken aber auch mit einer Hackfleischsauce (die in Berlin anzüglich »Beamtenstippe« heißt) oder einer Specksauce gut.

Blaukraut (Rotkohl)

1 kg Blaukraut (Rotkohl)
200 g Äpfel
1 Zwiebel, 1 Eßl. Salz
2 Eßl. Zucker, 4 Eßl. Essig
50 g Schweinefett
5 Gewürzkörner
1 kleines Lorbeerblatt (oder
4 Nelken)
2 Eßl. Stärkemehl (oder
2 Kartoffeln)

In unserer Familie gibt es ein seit Generationen vererbtes Blaukrautrezept. Jede Mutter gab es an ihre Töchter weiter, und so lebt es noch heute fort. Die Grundregel: Es gehören außer Fett und Bindemittel sieben Sachen ins Blaukraut, und beim Zubereiten wird immer wieder schnell gezählt, ob auch keine Zutat vergessen wurde.
Blaukraut putzen, den Strunk abschneiden, hobeln oder in Streifen schneiden. Äpfel schälen, Kerngehäuse entfernen, in dünne Scheiben schneiden, Zwiebel in Würfel schneiden. Das Blaukraut mit Salz, Zucker und Essig in einer Schüssel mischen. Fett zerlassen, Zwiebelwürfel darin glasig dünsten, Blaukraut zufügen und mit Gewürzkörnern und Lorbeerblatt oder Nelken, den Äpfeln und wenig Flüssigkeit auf kleiner Flamme gar dünsten. Mit angerührtem Stärkemehl oder rohen, geriebenen Kartoffeln binden und abschmecken.

Erbsenbrei

750 g Erbsen, 1 Speckschwarte
40 g Butter, 40 g Mehl, Salz
40 g Räucherspeck, 1 Zwiebel

Erbsen waschen und über Nacht einweichen. Im Einweichwasser gar kochen (möglichst mit einer Speckschwarte), und durch ein Sieb streichen. Aus Butter und Mehl eine Einbrenne bereiten, mit dem Kochwasser der Erbsen ablöschen und mit dem Erbsbrei vermischen. Mit Salz abschmecken. Speck und Zwiebel in Würfel schneiden, anbraten und über den angerichteten Erbsenbrei geben. – Hierzu ißt der Schlesier Sauerkraut und Eisbein (siehe Seite 37) oder Wellwurst (siehe Seite 45).

Selleriesalat

1 – 2 Sellerieknollen
Salz, 1 Zwiebel, Öl
Essig oder Zitronensaft
Zucker

Sellerieknollen sauber bürsten, in kochendes Salzwasser geben und garen. Zum Abkühlen in kaltes Wasser legen, dann schälen und in Würfel schneiden. Aus Zwiebelwürfel, Öl, Essig oder Zitronensaft, Salz und Zucker eine Salatsauce bereiten, die Selleriewürfel hineingeben und gut vermischen.

Schokoladenfisch

250 g Mandeln
250 g Puderzucker
250 g Schokolade
100 g Zitronat

Die Mandeln brühen, abziehen und grob hacken, die Schokolade reiben und das Zitronat in Würfel schneiden. Den Puderzucker mit 5 Eßlöffeln Wasser aufkochen, Mandeln, Schokolade und Zitronat zufügen. Eine Puddingschüssel, möglichst in Form eines Fisches, mit Öl ausstreichen, die Masse hineindrücken und mehrere Stunden kaltstellen. Stürzen und vor dem Servieren in Scheiben schneiden.

Bienenstich

Hefeteig:
50 g Hefe, 1/4 l Milch
750 g Mehl, 175 g Butter
125 g Zucker
1 Päckchen Vanillezucker
2 Eier, Salz
Bienenstichmasse:
400 g Mandeln
500 g Butter, 400 g Zucker

Hefeteig: Die Hefe mit 3 Eßlöffeln lauwarmer Milch in einer Tasse auflösen. Aus Mehl, 125 g zerlassener Butter, Zucker, Vanillezucker, Eiern, einer Prise Salz, der restlichen lauwarmen Milch und der aufgelösten Hefe einen Teig bereiten. Mit einem Tuch zudecken und an warmem Ort aufgehen lassen. Den Teig auf ein mit Fett bestrichenes und mit Mehl bestreutes Blech streichen, nochmals gehen lassen, den Rest Butter zerlassen und den Teig damit bestreichen. Mehrmals mit einer Gabel einstechen. – Bienenstichmasse: Mandeln brühen, abziehen, durch die Mühle drehen oder in Scheiben schneiden. Butter in einem

Topf zerlassen, Zucker zufügen, aufkochen, Mandeln in die Masse geben (nicht mehr kochen). Nach dem Abkühlen die Bienenstichmasse auf den Hefeteig verteilen und bei Mittelhitze braun backen.

Frankfurter Kranz

200 g Butter, 200 g Zucker
3 Eier, 200 g Weizenmehl
50 g Stärkemehl
1 Teel. Backpulver
2 – 3 Eßl. Rum
Semmelbrösel

Buttercreme:
1/2 l Milch, 1 Puddingpulver
250 g Butter, 100 g Zucker

Krokant:
20 g Butter, 60 g Zucker
100 g Mandeln (oder
Haselnüsse)

Ob er seinen Namen der Stadt Frankfurt am Main oder Frankfurt an der Oder verdankt, konnte bisher noch nicht einwandfrei festgestellt werden. Fest steht aber, daß er »an der Oder« zum bevorzugten Festtagskuchen gehörte.

Butter, Zucker und Eier schaumig rühren, Weizenmehl und Stärkemehl sieben, mit Backpulver vermischen und zufügen. Rum in den Teig geben. Die Masse in eine gefettete, mit Semmelbrösel bestreute Ringform füllen und etwa 1 Stunde bei schwacher Mittelhitze backen. Stürzen und nach dem Erkalten zweimal quer durchschneiden. – Buttercreme herstellen: Von Milch und Puddingpulver einen Pudding kochen, Butter schaumig rühren, Zucker zugeben und den erkalteten Pudding löffelweise unter die Buttermasse rühren. Den Kranz mit der Creme füllen und auch außen damit bestreichen. – Krokant: Zucker und Butter in einer Pfanne zerlassen und goldbraun brennen, abgezogene, gehackte Mandeln oder Haselnüsse dazugeben. Die Masse auf Pergamentpapier oder einem geölten Blech erstarren lassen und dann zerklopfen. Den Frankfurter Kranz mit dem zerklopften Krokant rundherum bestreuen.

Martinihörnchen

Hefeteig:
30 – 40 g Hefe
1/8 – 1/4 l Milch, 500 g Mehl
135 g Butter, 60 g Zucker
1 Ei, Salz

Vom kleinen Hörnchen bis zum ausgewachsenen Horn wurden bei uns Martinihörner feilgeboten und selbst gebacken. Sie sind schon wie ein kleiner Vorgriff auf die Weihnachtsherrlichkeiten, wenn auch vom 11. November bis zum Heiligabend noch gut 6 Wochen Zeit ist.

Wir bereiten einen Hefeteig: Die Hefe mit 3 Eßlöffeln lauwarmer Milch in einer Tasse auflösen. Aus Mehl, 60 g zerlassener Butter, Zucker, Ei, einer Prise Salz, der restlichen lauwarmen Milch und der auf-

Füllung:
200 g Zucker
100 g Sultaninen
100 g Korinthen
100 g Mandeln

Zum Bestreichen:
Eigelb, 150 Puderzucker

gelösten Hefe einen Teig bereiten. Mit einem Tuch zudecken und an warmem Ort aufgehen lassen. Den aufgegangenen Teig 1 bis 1½ cm dick ausrollen und so viele Quadrate daraus schneiden, wie Hörner gebacken werden sollen. Die übrige Butter zerlassen und damit bestreichen. – Füllung: Zucker, Sultaninen, Korinthen und 75 g abgezogene, gehackte Mandeln mischen und anteilmäßig in die Mitte der ausgeschnittenen Teigquadrate verteilen. Von einer Ecke zur gegenüberliegenden aufrollen, die Spitzen nach unten zusammenbiegen, so daß ein Horn entsteht. Den Rest Mandeln abziehen und halbieren und die Hörnchen damit verzieren. – Zugedeckt gehen lassen, mit Eigelb bestreichen, bei Mittelhitze 20 bis 25 Minuten backen. Noch heiß mit Zuckerguß (Puderzucker mit 3 Eßlöffeln heißem Wasser verrühren) bestreichen. – Martinihörnchen können auch mit Marmelade, die mit gehackten Mandeln oder Nüssen vermischt wird, oder mit Marzipan gefüllt werden.

Martini

Der Winter naht, Martini kommt!
Rückt her, ein warmer Herd uns frommt
und eine Gans, recht knusprig fein;
auch muß ein Martinshörnlein sein.
Der Schimmel fern im Nebel zieht ...
Frisch, Kinder, probt ein Weihnachtslied!

D · L · KRETSCHMER

Sträselkucha (Streuselkuchen)

Hefeteig:
50 g Hefe, ¼ l Milch
750 g Mehl, 175 g Butter
125 g Zucker
1 Päckchen Vanillezucker
2 Eier, Salz

Ein echter schlesischer Sträselkucha ist einfach ein Gedicht. Er war es auch schon, ehe es Gedichte über ihn gab. – Und so wird er gemacht: Hefeteig: Die Hefe mit 3 Eßlöffeln lauwarmer Milch in einer Tasse auflösen. Aus Mehl, 125 g zerlassener Butter, Zucker, Vanillezucker, Eiern, einer Prise Salz, der restlichen lauwarmen Milch und der aufgelösten Hefe einen Teig bereiten. Mit einem Tuch zudecken und an warmem

Streusel:
600 g Mehl, 250 g Zucker
abgeriebene Zitronenschale
1 Teel. Backpulver
250 g Butter

Ort aufgehen lassen. Den Teig auf ein mit Fett bestrichenes und mit Mehl bestreutes Blech streichen, nochmals gehen lassen, den Rest Butter zerlassen und den Teig damit bestreichen. Mehrmals mit einer Gabel einstechen. – Streusel: Mehl, Zucker, Zitronenschale und Backpulver vermischen, Butter in Flöckchen dazugeben, verkneten, bis eine krümelige Masse entsteht, nämlich die »Sträsel«. Diese auf dem Hefeteig verteilen, und den Kuchen bei Mittelhitze backen. Je dicker die Streusellage, desto besser schmeckt der Kuchen. – Unter die Streusel kann man auch noch geschälte Apfelscheiben oder Marmelade geben.

Sträselkucha

Schläscher Kucha, Sträselkucha,
doas ihs Kucha, sapperlot,
wie's uff Herrgotts gruußer Arde
nernt nich su woas Gudes hoot!
Wär woas noch su leckerfetzig,
eim Geschmaak ooch noch su schien,
über schläscha Sträselkucha
tutt halt eemol nischt nich gihn!

Woas ihs Spritz- und Äppelkucha,
Babe mit und ohne Moh?
Woas sein Krappla, Pratzeln, Torte,
Strietzel, Ee- und Zwieback o?
Nischt wie latschiges Gepomper,
doas ma gerne läßt ei Ruh;
doch vom schläscha Sträselkucha
koan ma assa immerzu!

Dar kennt nischt vo Margarine
und och nischt vo Sacharin;
ehrlich tutt der schläscha Kucha
ei a heeßa Ufa gihn.

Kimmt a raus eim Knusperkleede,
zieht der Duft durchs ganze Haus,
und aus olla Stubentüren
gucka weit de Noasa raus.

Su a Kucha, weiß und lucker,
doas ihs werklich anne Pracht.
Jedes Streefla zeigt Rusinka,
doß eem reen is Herze lacht.
Aus 'm Sträsel quillt de Putter –
tausend, wie das prächtig schmeckt,
doß mer lange noch derhinger
sich vergnügt is Maul beleckt!

Sträselkucha, der wirkt Wunder!
Tun de Kinder Händel hoan,
ihs verbuhst de Schwiegermutter,
reseniert der brumm'ge Moan,
dorf ich blußig hien zum Tische
recht an grußa Kucha troan –
do ihs uff der Stelle Friede:
Jeder muffelt, woas a koan!

Wenn mich wird is Ahlder drücka,
wiel ich doch nich eemol kloan,
wenn ich bluß mit Sträselkucha
noch menn Koffee tunka koan,
doch possiert's, doß ich uff Kucha
hoa kee brinkel meh Optit,
lä ich sacht mich uff de Seite:
»Lieber Herrgoot, niem mich miet!«

Schläscher Kucha, Sträselkucha,
doas ihs Kucha, sapperlot,
wie's uff Herrgoots grußer Arde
nernt nich su woas Gudes hoot!

Wär woas noch so leckerfetzig,
eim Geschmaak ooch noch su schien,
über schläscha Sträselkucha
tutt halt eemol nischt nich gihn!

HERMANN BAUCH

Diese Laudatio auf unseren Lieblingskuchen lernten wir alle noch auswendig in der Schule, und ich glaube, Sie werden kaum einen Schlesier finden, der nicht wenigstens die erste Strophe dieses Gedichtes von Hermann Bauch fehlerfrei dahersagen kann.

Es weihnachtet sehr . . .

Von drauß' vom Walde komm ich her,
ich muß euch sagen, es weihnachtet sehr.
Allüberall auf den Tannenspitzen
sah ich goldene Lichtlein sitzen;
und droben aus dem Himmelstor
schaut mit großen Augen das Christkind hervor.

Dieses von Knecht Ruprecht vorgetragene schlesische Gedicht ließ jedes Jahr aufs neue Kinderherzen erschauern vor dem großen, heiligen Geheimnis der Weihnachtszeit. Ich erinnere mich noch genau, wie ich dem Nikolaus jedes Wort erwartungsvoll vom Munde ablas und die goldenen Lichtlein und das Christkind deutlich in meiner Vorstellung sah.
Wenn wir dieses Gedicht auch später in der Schule auswendig lernten, verlor es doch bis heute nie seinen Zauber.
Von allen Weihnachtsherrlichkeiten seien hier nur die kulinarischen beschrieben. Ich beginne bei den Backrezepten, denn was wäre die Adventszeit ohne Pfefferkuchenduft, der das Haus durchzieht und ohne Mutters heimliche Vorbereitungen?

Pfefferkuchen

Das folgende Rezept hat sich in meiner Familie seit Generationen weitervererbt, und da einer meiner Vorfahren Konditor- und Pfefferküchlermeister in Pleß war, nehmen wir an, daß bei ihm der Ursprung dieses Rezeptes zu suchen ist. – Diesen Pfefferkuchen kann man sooft essen wie Brot, er schmeckt schon zum Frühstück, ist nicht schwer und ölig, sondern trocken und leicht verdaulich. Es ist ein einfacher Pfefferkuchen und gerade deshalb nichts zum »Magenverderben«. Bereits am ersten Adventssonntag mußten bei uns zu Hause die ersten Pfeffer-

500 g Honig
500 g Sirup (Rübenkraut)
500 g Zucker, 250 g Butter
2 kg Mehl
1 Beutelchen Zimt
1 Beutelchen Nelken
10 g Pottasche
10 g Hirschhornsalz
eventuell 50 g Mandeln
und 50 g Zitronat
Zuckerguß
Schokoladenglasur

kuchen auf den Tisch kommen, und so ist es auch in meiner Familie geblieben. »Unsere« Pfefferkuchen backe ich alljährlich in Riesenmengen, denn je länger sie ins neue Jahr hineinreichen, desto besser. Das folgende Rezept von 4 Pfund Mehl backe ich meist drei- bis viermal in einer Adventszeit und – es war noch nie zuviel!

Honig, Sirup, Zucker und Butter in einem Topf auf kleiner Flamme zergehen lassen. 1 kg Mehl in eine Schüssel geben, Zimt und Nelken untermischen, die zerlassene, noch warme Masse in das Mehl gießen und verrühren. Dann noch so viel Mehl zugeben, wie der Teig aufnimmt (es wird meistens noch etwa 1 kg sein). Pottasche und Hirschhornsalz getrennt in zwei Tassen mit jeweils 2 Eßlöffeln lauwarmem Wasser auflösen und zugedeckt 10 Minuten stehen lassen. Vor der Zugabe zum Teig nochmals jedes für sich umrühren, da oft auf dem Tassengrund Körnchen zurückbleiben. Den Teig mit den beiden Treibmitteln gut verkneten, bis er glatt und glänzend ist. Der Teig kann einige Tage, soll aber wenigstens eine Nacht ruhen. Dann etwa ½ cm dick ausrollen, ausstechen und auf einem gefetteten, bemehlten Blech bei schwacher Hitze etwa 15 bis 20 Minuten backen. (Nach Belieben die ausgestochenen Kuchen vor dem Backen mit je einer Mandelhälfte oder einem Zitronatstückchen belegen.) Nach dem Backen einen Teil der Kuchen mit Zuckerguß, den anderen Teil mit Schokoladenglasur bestreichen.

Neisser Pfefferkuchen

100 g Zitronat
250 g Mandeln oder Nüsse
500 g Honig
500 g Zucker
1½ kg Mehl
½ Päckchen Zimt
½ Päckchen Nelken
1 Teel. Kardamom
2 Eier, 15 g Pottasche

Unsere geliebten »Neisser« können wir auch in der neuen Heimat fertig kaufen, da einige Neisser Konditoren sie hier weiter backen. Wer die »Neisser« selbst backen will, verfahre folgendermaßen: Zitronat in kleine Würfel schneiden und Mandeln mit der Schale durch die Mühle drehen, bzw. Nüsse fein hacken. Honig und Zucker in einem Topf auf kleiner Flamme zergehen lassen. 750 g Mehl in eine Schüssel geben, Zimt, Nelken, Kardamom, Eier, Zitronat und Mandeln bzw. Nüsse untermischen und die zerlassene, noch warme Honigmasse in das Mehl gießen und verrühren. Dann so viel Mehl zugeben, wie der

Teig aufnimmt (es werden meistens noch etwa 750 g sein). Pottasche in einer Tasse mit 3 Eßlöffeln lauwarmem Wasser auflösen und zugedeckt 10 Minuten stehen lassen. Vor der Zugabe zum Teig nochmals umrühren, da oft auf dem Tassengrund Körnchen zurückbleiben. Den Teig mit dem Treibmittel gut verkneten, bis er glatt und glänzend ist. Dann etwa 1/2 cm dick ausrollen, mit verschiedenen Formen ausstechen und auf gefettetem, bemehltem Blech bei schwacher Hitze backen. Nach dem Backen mit Zuckerguß oder Schokoladenglasur überziehen.

Faffermannlas Weihnachtssprüchla

Underm Christboome doas Faffermannla neulich
sproach: Ihr Leute, kleen bien iech freilich
und hoa krumme Beene;
denn ich bien doas Faffermannla doas kleene.
Dar Bäcker, dar miech gebacka hotte,
meente, iech wär'n verturbne Rotte;
deswägen hoa iech oo bluß enn Biehma gekust,
sust hätt iech err Fümwe kusta gemußt,
wenn iech wär wie die grußa Faffermänner,
aber iech bien äbenst bluß a klenner.
Ihr Leute, iech muuß Euch doas eene soan:
Beißt miech nich etwan jitzt schunt oan,
denn doas wär im mei Laba schoade.
Aßt ock lieber zuerrscht Schuckloade.
Jech bien ju kaum sieba Stunda aalt,
meine Noasaspitze ies noch nich kaalt
vo dar erbärmlicha Backuwahitze,
o meine liebe Noasaspitze.
Mir wär ju nischt on derr Welt gelan,
jech möchte bluß noch awing euer Christbeemla sahn
und woas doo oll's druffe hängt,
wuhien inserees goarnich denkt.

Die bunta Lichtla verr olla Dinga,
herrjeckersch, wenn die zum Assa ginga,
die fräß iech weg, ei emm Oogablicke,
doaß iech und wär wie a Mohkließla dicke.
Ihr Leute, ihr Leute, wu mahr iech hien?
Lußt miech ock bluß noch a bißla stiehn,
bis is letzte Lichtla werd runderbrenna,
derrnoo meinswägen packt miech,
zerbrecht miech, zerstecht miech, zerhackt miech,
jech koan ju doch nich vom Flecke renna,
verleichta werd moncher noch üm miech flenna.
Jech hoa nischt Bieses nich gewullt,
jech muuß sterba und ihr seid schuld.

ERNST SCHENKE

Anisplätzchen

4 Eier, 250 g Zucker
250 g Mehl, 1 Teel. Anis

Ganze Eier und Zucker schaumig rühren, Mehl und Anis zugeben. Mit einem Spritzbeutel oder zwei Teelöffeln auf ein gefettetes Blech kleine Plätzchen setzen, diese – am besten über Nacht – trocknen lassen. Bei schwacher Hitze (die Unterhitze soll möglichst etwas stärker sein) hell backen. – Man kann Anisplätzchen auch auf kleine, runde Oblaten setzen.

Elisenlebkuchen

5 Eier, 500 g Zucker
80 g Orangeat, 80 g Zitronat
500 g Mandeln
1 g Kardamom
3 g Nelken, 3 g Zimt
abgeriebene Schale
einer Zitrone
Oblaten

Dieses feine Gebäck wird ganz ohne Mehl zubereitet. Den Teig setzt man als Kugeln auf runde oder quadratisch geschnittene, nicht zu kleine Oblaten.
Die ganzen Eier mit dem Zucker schaumig rühren. Orangeat und Zitronat in feine Würfel schneiden, Mandeln in der Schale durch die Mühle drehen und mit den Gewürzen und der abgeriebenen Zitronenschale der Ei-Zucker-Masse beifügen, gut verkneten. Kugeln formen, diese auf die Oblaten setzen und einige Stunden – am besten über Nacht –

250 g Puderzucker
1–2 Eiweiß (oder 100 g Scho-
kolade und 2 Eßl. Kakao)
bunter Zucker und
Pistazienkerne zum Bestreuen

ruhen lassen. Bei mäßiger Hitze backen. Noch heiß mit Eiweißglasur (Puderzucker mit 2 bis 3 Eßlöffeln heißem Wasser und Eiweiß glatt rühren) oder Schokoladenglasur (Puderzucker, etwas Wasser, Schokolade und Kakao vermischen und im Wasserbad auflösen) überziehen, mit buntem Zucker und gehackten Pistazienkernen bestreuen.

Katharinchen

125 g Mandeln, 500 g Honig
500 g Zucker, 2 kg Mehl
1 Päckchen Zimt
1 Teel. Kardamom
1/2 Päckchen Nelken
1/2 Päckchen
Pfefferkuchengewürz
6 Eier, 3 Eßl. Rum
10 g Natron

Die Katharinchen verdanken ihren Namen einer bestimmten Ausstechform, die entfernt an ein weibliches Wesen erinnert. Diese Katharinchen-Formen kann man auch heute noch kaufen.
Mandeln mit der Schale durch die Mühle drehen. Honig und Zucker in einem Topf auf kleiner Flamme zergehen lassen. 1 kg Mehl in eine Schüssel geben, Zimt, Kardamom, Nelken, Pfefferkuchengewürz, Eier, die durchgedrehten Mandeln und Rum untermischen, die zerlassene, noch warme Honigmasse in das Mehl gießen und verrühren. Dann noch so viel Mehl zugeben, wie der Teig aufnimmt (es wird meistens noch etwa 1 kg sein). Natron in einer Tasse mit 2 Eßlöffeln lauwarmem Wasser auflösen und zugedeckt 10 Minuten stehen lassen. Vor der Zugabe zum Teig nochmals umrühren, da oft auf dem Tassengrund Körnchen zurückbleiben. Den Teig mit dem Treibmittel gut verkneten, bis er glatt und glänzend ist. Dann etwa 1/2 cm dick ausrollen, Katharinchen ausstechen und auf gefettetem, bemehltem Blech bei schwacher Hitze 15 bis 20 Minuten backen.

Liegnitzer Bomben

200 g Honig, 75 g Butter
150 g Zucker, 3 Eier
5 g Zimt, 5 g Nelken
1 Prise Pfeffer, 300 g Mehl
50 g Zitronat, 40 g Kakao
75 g Korinthen
10 g Pottasche

Honig und Butter in einem Topf auf kleiner Flamme zergehen lassen. Zucker und Eier schaumig rühren, die abgekühlte Honig-Butter-Masse zufügen. Zimt, Nelken und Pfeffer hineingeben, gesiebtes Mehl und in Würfel geschnittenes Zitronat mit der Masse vermischen. 30 g Kakao einrühren und gewaschene Korinthen zufügen. Die Pottasche in Rosenwasser auflösen und zuletzt unter den Teig kneten. Etwa 6 cm hohe Schwarzblechringe mit 7 bis 8 cm Durchmesser an der unteren Seite mit

2 Eßl. Rosenwasser
250 g Puderzucker
100 g Schokolade

Pergamentpapier abschließen, so daß ein Boden entsteht. Die Förmchen einfetten, auf ein Blech stellen, 3/4 voll mit Teig füllen und bei schwacher Hitze etwa 30 Minuten backen. Noch heiß stürzen, Pergamentpapier abnehmen und mit Schokoladenglasur (Puderzucker, etwas Wasser, Schokolade und 10 g Kakao vermischen und im Wasserbad auflösen) beziehen. – Aus diesem Teig können wir auch nur *eine* große Bombe backen.

Mohnstriezel

Hefeteig:
30–40 g Hefe
knapp 1/4 l Milch
500 g Mehl, 60 g Butter
60 g Zucker
abgeriebene Zitronenschale
1 Ei, Salz

Mohnfüllung:
250 g feingemahlener Mohn
1/4 l Milch, 40 g Butter
25 g Mandeln, 200 g Zucker
60 g Sultaninen, 1 Ei, Zimt
eventuell Semmelbrösel

3 Eßl. Butter, Puderzucker

Die Hefe mit 3 Eßlöffeln lauwarmer Milch in einer Tasse auflösen. Aus Mehl, der zerlassenen Butter, Zucker, abgeriebener Zitronenschale, Ei, einer Prise Salz, der restlichen lauwarmen Milch und der aufgelösten Hefe einen Teig bereiten. Mit einem Tuch zudecken und an warmem Ort aufgehen lassen. – Die Mohnfüllung bereiten: Den Mohn mit kochendheißer Milch übergießen, die zerlassene Butter, die abgezogenen, gehackten Mandeln, Zucker, Sultaninen, Ei und Zimt zugeben (sollte die Masse zu weich sein, etwas Semmelbrösel beimischen). – Den aufgegangenen Hefeteig zu einem Rechteck, etwa 1 cm dick, ausrollen, und die erkaltete Mohnmasse nicht ganz bis zum Rand auf den Hefeteig streichen, das Ganze zusammenrollen. Den Striezel mit der Naht nach unten auf ein gefettetes Blech legen, nochmals zugedeckt gehen lassen, mit flüssiger Butter bestreichen und bei Mittelhitze etwa 1 Stunde bakken. Dann nochmals mit zerlassener Butter bestreichen und mit Puderzucker bestreuen. (Mohnstriezel kann auch – mit der Naht nach unten – in einer gefetteten Kastenform gebacken werden.)

Pfannkuchen (auch Krappla, Krapfen, Berliner oder Ausgezogene genannt)

Hefeteig:
30 g Hefe
1/8–1/4 l Milch, 500 g Mehl
50 g Butter, 40 g Zucker

Die Hefe mit 3 Eßlöffeln lauwarmer Milch in einer Tasse auflösen. Aus Mehl, der zerlassenen Butter, Zucker, Ei, Salz, Rum, der restlichen lauwarmen Milch und der aufgelösten Hefe einen Teig bereiten. Mit einem Tuch zudecken und an warmem Ort aufgehen lassen. – Den auf-

1 Ei, ¹/₂ Teel. Salz
1 Eßl. Rum

Pflaumenmus zum Füllen
Eiweiß zum Bestreichen
Fett zum Ausbacken
Zucker zum Bestreuen (oder
Zuckerguß
von 250 g Puderzucker)

gegangenen Teig etwa 1¹/₂ cm dick ausrollen, mit einem Ausstecher oder Glas auf der einen Hälfte der Teigplatte runde Plätzchen von 7 bis 8 cm Durchmesser anmerken. In die Mitte jedes Plätzchens etwas Pflaumenmus geben, die Ränder mit Eiweiß bestreichen. Die andere Teighälfte darüberklappen, ausstechen und die Ränder fest aufeinanderdrücken. Die Pfannkuchen auf ein bemehltes Brett setzen und mit einem Tuch zugedeckt nochmals an warmem Ort aufgehen lassen. Mit der oberen Seite zuerst in siedendes Fett legen, goldbraun backen, wenden und fertig backen. Wenn an einem Stäbchen, das in einen Pfannkuchen gesteckt wird, kein Teig mehr hängenbleibt, sind die Pfannkuchen gar. Zum Abtropfen auf ein Sieb legen, mit Zucker bestreuen oder in Zuckerguß (Puderzucker mit 6 Eßlöffeln Wasser verrühren) tauchen.

Das Essen von Silvester-Pfannkuchen macht besonderen Spaß, wenn einer oder zwei darunter sind, die anstatt mit süßem Pflaumenmus, mit scharfem Mostrich (Senf) gefüllt wurden. Wer dann einen solchen Pfannkuchen erwischt, ist nicht nur des schallenden Spottgelächters aller Anwesenden sicher, sondern muß auch – nach überliefertem Aberglauben – im neuen Jahr vor unangenehmen Überraschungen besonders auf der Hut sein. In manchen Familien bäckt man auch Zettelchen mit mehr oder weniger sinnreichen Sprüchen ein oder sogar kleine Symbolgegenstände, wie: ein Brautkränzchen, ein winziges Wickelkind, ein Kleeblatt oder Schweinchen.

Striezel (Christstollen)

50 g Hefe, ¹/₄ l Milch
500 g Mehl, 100 g Butter
100 g Zucker, 1 Ei, Salz
100 g Mandeln
100 g Sultaninen
50 g Zitronat
50 g Orangeat

Der bekannteste Stollen stammt zweifellos aus Dresden. Da diese schöne Stadt aber nicht weit von unserer schlesischen Heimat entfernt liegt, ist auch hier der Stollen, bei uns Striezel genannt, vornehmlich in der Weihnachtszeit gebacken worden.

Die Hefe mit 3 Eßlöffeln lauwarmer Milch in einer Tasse auflösen. Aus Mehl, der zerlassenen Butter, Zucker, Ei, einer Prise Salz, der restlichen lauwarmen Milch und der aufgelösten Hefe einen Teig bereiten, dem zuletzt die abgezogenen, gehackten Mandeln, die gewaschenen

Sultaninen und das in Würfel geschnittene Zitronat und Orangeat zugefügt werden. Den Teig mit bemehlten Händen sehr gut kneten, mit einem Tuch zudecken und gehen lassen. Aus dem aufgegangenen Teig ein oder zwei Laibe formen, diese flach drücken und einen Längsteil überschlagen, wodurch die bekannte Stollenform entsteht. Auf ein gefettetes, bemehltes Blech legen und nochmals gehen lassen. Dann mit zerlassener Butter bestreichen, bei Mittelhitze 1 bis 1^1/$_2$ Stunden backen, nochmals mit flüssiger Butter bestreichen und mit Puderzucker und den gemahlenen Mandeln oder Nüssen bestreuen.

Zum Bestreichen:
2 Eßl. zerlassene Butter

Zum Bestreuen:
Puderzucker
2 Eßl. gemahlene Mandeln
oder Nüsse

Warmbrunner Gebäck

100 g Butter, 150 g Zucker
3 Eier, 350 g Mehl
5 g Backpulver (oder
eine knappe
Messerspitze Hirschhornsalz)

Butter, Zucker und 2 Eier schaumig rühren, Mehl und Treibmittel zugeben, Teig ausrollen und verschiedene kleine Formen, wie Brezeln, Semmeln, Hörnchen und Schnecken legen (bei uns in Schlesien gab es diese Förmchen zu kaufen, die, gut gefettet, mit dem Teig gefüllt wurden). Mit einem verquirlten Ei oder Eigelb bestreichen, auf ein gefettetes, bemehltes Blech legen und bei schwacher Mittelhitze hellbraun backen.

Rehrücken

200 g Mandeln, 150 g Butter
150 g Zucker, 6 Eier
250 g geriebene Schokolade
30 g Mehl
1 Teel. Backpulver
Semmelbrösel
250 g Puderzucker
2 Eßl. Kakao

Dieser klassische Kuchen ist vielleicht nicht eigentlich als schlesische Spezialität anzusprechen, aber er erfreut sich unter uns Landsleuten großer Beliebtheit und gehörte zum unumstößlichen Programm jedes schlesischen Koch- beziehungsweise Backunterrichts. Der Rehrücken ist infolge seiner üppigen Zutaten ein sehr kalorienreiches Gebäck und daher mit Vorsicht und in Maßen zu genießen.
150 g Mandeln mit der Schale hacken. Butter mit Zucker und Eigelb schaumig rühren, gehackte Mandeln, 150 g geriebene Schokolade, Mehl und Backpulver zugeben, Eiweiß zu Schnee schlagen und unterziehen. Eine Rehrückenform ausfetten, mit Semmelbrösel bestreuen, Teig einfüllen und etwa 1 Stunde bei Mittelhitze backen. Wenige Minuten nach dem Herausnehmen aus dem Ofen stürzen, noch heiß mit Scho-

koladenglasur (Puderzucker, etwas Wasser, 100 g geriebene Schokolade und Kakao vermischen und im Wasserbad auflösen) überziehen und mit 50 g abgezogenen, in Stifte geschnittenen Mandeln spicken.

Ochsenschwanzsuppe

500 g Ochsenschwanz
Wurzelzeug (Suppengemüse)
50 g roher Schinken
1 Zwiebel, 40 g Fett
Salz, Pfeffer, Paprika
40 g Butter, 40 g Mehl
3 Eßl. Madeira
1/8 l Rotwein
eventuell 1 Prise Zucker
und Muskat

Zum festlichen Menü gehört bei uns immer noch die hausgemachte Ochsenschwanzsuppe. Nur im äußersten Fall an Zeitknappheit wird die schlesische Hausfrau zur Fertigsuppe greifen.

Den Ochsenschwanz gut waschen, am besten bürsten, und kleinhacken. Wurzelzeug putzen und kleinschneiden. Schinken und Zwiebel in Würfel schneiden. Die Ochsenschwanzstücke und die Schinkenwürfel in heißem Fett anbräunen, dann das Wurzelzeug und zuletzt die Zwiebelwürfel zufügen, leicht anbräunen. 1 1/2 l Brühe oder Wasser auffüllen, die Gewürze zufügen und 2 bis 3 Stunden kochen. Wenn das Fleisch weich ist, aus dem Topf nehmen, von den Knochen lösen und in Streifchen schneiden. Brühe durch ein Sieb gießen. Aus Butter und Mehl eine dunkle Einbrenne bereiten, mit der Brühe auffüllen, Madeira zugeben und nochmals 10 bis 15 Minuten kochen lassen. Mit Rotwein, Salz, eventuell Zucker und Muskat abschmecken, das streifig geschnittene Fleisch als Einlage zufügen.

Karpfen blau

Die Süßwasserfische in Deutschland wurden fast zur Hälfte in Schlesien aufgezogen. In den Teichen im Sulauer und Trachenberger Niederungsgelände, in den berühmten Militscher Karpfenteichen, in der Umgebung von Liegnitz und in der Lausitzer Heide tummelten sich Tausende von Fischen. Es ist daher nicht verwunderlich, wenn ein Fisch, nämlich der Karpfen, unter den schlesischen Spezialitäten mit an erster Stelle steht. Das mag sich aus einer echten wirtschaftlichen Notwendigkeit ergeben haben und bürgerte sich als liebgewordene Gewohnheit und Krone des festlichen Heiligabendessens in vielen Familien ein. Sogar in Hamburg fand man »schlesischen Karpfen« auf der Speisekarte.

1 Karpfen von 1¹/₂–2 kg
Salz, Essig

Die Zubereitung von Karpfen blau kann auf verschiedene Weise erfolgen. Während man ihn früher ganz mit Wasser bedeckt garte, dünsten oder dämpfen wir ihn heute nur, um möglichst viele seiner wertvollen Nährstoffe zu erhalten. – Einen flachen, breiten Topf etwa 1 cm hoch mit Wasser füllen, Salz zugeben, aufkochen. Den vorbereiteten, nicht geschuppten Karpfen in das Wasser stellen, so als wenn er schwimmt. Das erreicht man am besten, indem man zwischen die aufgeschnittenen Bauchlappen ein großes Stück rohe Kartoffel schiebt, die ein Umfallen verhindert. Sofort nach dem Einsetzen in die kochende Flüssigkeit den Fisch mit heißem Essig übergießen. Dadurch wird die Blaufärbung besonders intensiv. Zudecken und etwa 20 Minuten dünsten. Der Karpfen ist gar, wenn sich die Flossen leicht herausziehen lassen. (Man kann ihn auch – mit wenig heißem Essig übergossen – auf einer Porzellanplatte im Backrohr garen. Er braucht dazu nicht mehr als 20 bis 25 Minuten.)

Gesunde Feiertage

Nu wiel nattierlich oo derr Maga
woas merka vo a Feiertaga,
drim werd'm tichtig eigegan:
Fleesch, Kließla, Tunke, Marzepan,
Moostriezel, Fafferkucha, Nüsse,
uff's saure Zeug kimmt glei is Sisse,
uff's Sisse wieder Saures glei,
is hoot ju Plotz, is gieht ju nei,
leit hie nich noch awing Schuckloade?
Ock immer her! – Üm die wärsch schoade.
Nich immer werd eem doas gebota,
merr hotta zwoar erscht Gänsebroata . . .

ERNST SCHENKE

Gebratene Pute mit Fleisch- und Semmelfüllung

1 Pute
Salz (10 g je 500 g Pute)
100 g Speck in Scheiben
100 g Butter, 4 Eßl. Mehl
1/2 l saure Sahne

Zur Fleischfüllung:
1 1/2 Semmeln, 30 g Butter
375 g gehacktes Schweine-
fleisch
375 g gehacktes Kalbfleisch
die Putenleber, fein gewiegt
2 Eier, Salz, Pfeffer
20 g Pilze

Zur Semmelfüllung:
6 süße, 3 bittere Mandeln
2 Semmeln, 30 g Butter
2 Eier, 1 Eigelb
1 Teel. Salz, 1 Teel. Zucker
25 g Rosinen

Gebratene Pute, auch Truthahn oder Welschhahn genannt, ist für den schlesischen Gaumen höchster Genuß. Im Vergleich mit dem gutbürgerlichen Gänsebraten ist der Putenbraten eine aristokratische Mahlzeit. Man sagt der Pute nach, sie habe dreierlei Sorten Fleisch: Ihr Brustfleisch schmeckt wie Kalbfleisch so zart, ihr Keulenfleisch wie Ochsenfleisch und ihr fettes Fleisch wie Schweinefleisch.

Die vorbereitete Pute innen und außen mit Salz einreiben, den Kropf eventuell mit Semmelmasse (siehe unten) und den Rumpf mit Fleischmasse (siehe unten), oder Kropf und Rumpf mit Fleischmasse füllen, zunähen. Brust und die hochgeschobenen Keulen mit Speckscheiben belegen, festbinden. In die Bratpfanne legen, mit 1 bis 1 1/2 l kochendem Wasser begießen und 1 Stunde auf dem Herd oder im Backrohr bei öfterem Beschöpfen kochen. Flüssigkeit in ein anderes Gefäß gießen, Pute mit gebräunter Butter übergießen und im Backrohr unter häufigem Beschöpfen und Zufügen der nötigen Flüssigkeit 2 bis 2 1/2 Stunden braten. Sauce mit Mehl binden, mit der Sahne aufkochen und zu der angerichteten Pute reichen. Die Füllung in Scheiben geschnitten auf dem Rand der Servierplatte anrichten.

Fleischfüllung: Semmeln einweichen und ausdrücken, mit zerlassener Butter im Topf bei geringer Hitze verrühren. Fleisch, Leber, Eier, Gewürze und Pilze zufügen, vermischen und abschmecken.

Semmelfüllung: Mandeln abziehen, mahlen. Semmeln einweichen und ausdrücken, mit zerlassener Butter im Topf bei geringer Hitze verrühren, alle Zutaten beifügen und abschmecken.

Braune Sauce (auch polnische Sauce genannt) zu Karpfen und Weißwurst

5 Gewürzprinten
und 1/4 l Malzbier
(oder 50 g Fischpfefferkuchen
und 2 Eßl. Essig)

Diese Sauce ist eine Variante der »Weihnachtssauce« (Seite 68).

Gewürzprinten zerbröckeln, mit etwa 1/4 l Malzbier begießen, bis sie bedeckt sind, und einige Zeit stehen lassen. (Ein Tip für Eilige: Da Printen meist sehr hart sind, empfiehlt es sich, sie vor Verwendung

1 große Zwiebel
Wurzelzeug (Suppengemüse:
1 Stange Porree
1 Mohrrübe
1 Petersilienwurzel
1 Stück Sellerie)
30 g Butter
1/2 l Malzbier
20 g Mehl
Salz, Zucker, Essig
Zitronensaft

ein paar Tage im kühlen Raum offen liegenzulassen, damit sie weich werden. Sie zergehen dann schneller im Bier.) Bei Verwendung von Fischpfefferkuchen diesen reiben und mit 2 Eßl. Essig anrühren. Zwiebel in Scheiben, das geputzte Wurzelzeug in Würfel schneiden und in 20 g Butter andünsten. Knapp 1/2 l Malzbier zugießen, aufkochen lassen. Das Mehl mit dem Rest Bier anrühren und mit den eingeweichten Printen oder dem Fischpfefferkuchen zur Sauce geben. Unter häufigem Umrühren 10 bis 15 Minuten kochen. Durch ein Sieb streichen, mit Zucker, Salz, Essig und Zitronensaft abschmecken und 10 g frische Butter dazugeben. – Diese Sauce wird hauptsächlich zum Weihnachtskarpfen gegessen, aber auch zu Weißwürstchen am Heiligen Abend oder Silvester. Auch in der Braunen Sauce gedünstetes Fischfilet schmeckt ausgezeichnet und ist schnell bereitet. Als Beilage eignen sich Salzkartoffeln oder Kartoffelbrei.

Der Begriff »Fischpfefferkuchen« wird vielen Nichtschlesiern fremd sein. Es ist eine Spezialart von Pfefferkuchen, ungewürzt und feinporig. Seine feste Konsistenz macht ihn besonders geeignet für die Verwendung in der Küche. Seinen Namen soll er der Braunen Sauce verdanken, die zum Fisch gegessen wird.

Weihnachtssauce zu Bratwürstchen

Wurzelzeug (Suppengemüse:
2 Petersilienwurzeln
oder 1 Stück Sellerie
1 Stange Porree
1 Mohrrübe)
1 Zwiebel
4–5 Gewürzprinten
und 1/4 l Malzbier
(oder 50 g Fischpfeffer-
kuchen und 2 Eßl. Essig)
Salz, Essig, 10 g Butter
4 geräucherte Bratwürste

Das Suppengemüse, in Schlesien Wurzelzeug genannt, putzen und kleinschneiden, die Zwiebel in Würfel schneiden und alles in 1/4 l Wasser weichkochen. Inzwischen die Printen zerbröckeln, so viel Malzbier darübergießen, daß sie bedeckt sind und einige Zeit stehen lassen. (Ein Tip für Eilige: Da Printen meist sehr hart sind, empfiehlt es sich, sie vor Verwendung ein paar Tage im kühlen Raum offen liegenzulassen, damit sie weich werden. Sie zergehen dann schneller im Bier.) Bei Verwendung von Fischpfefferkuchen diesen reiben, mit 2 Eßlöffeln Essig anrühren. Die Gemüsebrühe durch ein Sieb streichen, die eingeweichten Printen oder den Fischpfefferkuchen in die Brühe geben, unter Rühren nochmals aufkochen lassen, mit Salz und Essig abschmecken und die Butter dazugeben. – Die Bratwürste etwa 10 Minuten in Wasser kochen, in die Sauce legen und mehrmals mit der Gabel hineinstechen, das verbessert den Geschmack der Sauce. Ist sie zu dick, noch etwas Bier angießen. – Abwandlung für unbekümmerte Genießer: Das Wurzelzeug mit ½ Pfund geräuchertem Bauchfleisch kochen.

Moh-Kließla (Mohnklöße)

½ l Milch, 4 Eßl. Zucker
5 Eßl. Rum
250 g gemahlener Mohn
40 g Sultaninen
40 g gehackte Mandeln
12–16 Semmelscheiben
oder Zwieback

Vorweg sei gesagt: Mohnklöße sind *keine* Klöße, sie heißen nur so. Sie repräsentieren damit ein wenig schlesischen Schalk, schlesische Originalität. Sie heißen Klöße, sind aber keine – und damit basta! Das hat jedem einzuleuchten! – Mohn zog sich auf dem Lande jede schlesische Familie im Garten oder auf dem Felde selbst. Denn außer den Moh-Kließlan, die es nur am Heiligen Abend und Silvester gab, erfreuten sich Mohngebäcke vielerlei Art großer Beliebtheit. Moh-Kließla kommen am Heiligen Abend erst nach dem Abendessen auf den Tisch, sozusagen auf dem Höhepunkt des Festes, wenn die Geschenke bereits verteilt sind.

¼ l Milch zum Kochen bringen, 2 Eßl. Zucker zufügen und mit dem Rum über den Mohn gießen, so daß ein fester Brei entsteht. Sultaninen und Mandeln dazugeben, gut vermischen. – Die restliche Milch erhitzen, den Rest Zucker zufügen (wer das Gericht süßer liebt, gibt noch Zucker nach Geschmack hinzu), Semmelscheiben oder den Zwieback damit beträufeln. Sie müssen von der Flüssigkeit gut durchweicht sein, dürfen aber nicht zerfallen. – Mohnbrei und Semmelscheiben oder Zwieback abwechselnd in eine Schüssel schichten, als oberste Lage Mohn. Die »Moh-Kließla« in einen kühlen Raum stellen, wo sie dem großen Augenblick des Aufgetragenwerdens entgegenharren. Wie aus der Puddingschüssel bekommt jeder auf sein Tellerchen einige Löffel voll »Moh-Kließla«. Sie sind sehr sättigend.

Viel Singa on viel Schlinga macht a troja Hoals.

Gischla, willste Branntwein saufa, Fißla, mußte borbse laufa.

Schneebälle

1/8 l Milch, 60 g Butter
Salz, 150 g Stärkemehl
3 Eier, Backfett
Gelee für die Füllung
Puderzucker zum Bestreuen

Dieses aus Brandteig zubereitete Gebäck kommt in seiner Beliebtheit nahe an unsere schlesischen Pfannkuchen (siehe Seite 62) heran, die an Silvester und in der Faschingszeit nicht fehlen dürfen.

Milch, Butter und Salz aufkochen. Stärkemehl mit 1/8 l kaltem Wasser anrühren, zur kochendheißen Flüssigkeit geben und auf der Kochstelle unter Rühren zum Kloß abbrennen, der sich von Topf und Löffel lösen muß. Vom Feuer nehmen und sofort ein Eigelb und nach und nach die anderen Eigelb zufügen und verrühren. Eiweiß steif schlagen und unterheben. Mit einem Kaffeelöffel kleine Bällchen abstechen und im heißen Fett goldbraun backen. Sie gehen stark auf. Zum Abtropfen auf einen Durchschlag legen, mit einem spitzen Messer in jeden Schneeball eine kleine Öffnung stechen und durch diese etwas Gelee in den Hohlraum füllen. Jeden Schneeball dick mit Puderzucker bestreuen. – Ungefüllt sind diese Bällchen auch eine delikate Beilage zu Braten und feinen Gemüsen.

Glühwein

1 Flasche Rotwein
1 Stück Zimtstange
3 Nelken, 100 g Zucker

Rotwein mit Zimtstange, Nelken und Zucker rasch bis ans Kochen erhitzen, in Gläser füllen und an den Rand jedes Glases eine eingeschnittene Zitronenscheibe stecken.

Teepunsch

1 l starker Tee, 125 g Zucker
Saft von 2 Zitronen
Saft von 2 Orangen
1/8 l Rum

Zur häuslichen Silvesterfeier gehört bei uns Schlesiern in jedem Falle ein Punsch oder Glühwein.

Tee mit Zucker und Fruchtsaft bis kurz vor dem Kochen erhitzen, Rum zufügen und heiß oder kalt servieren.

Der Trunk is a Loaster, oaber a schienes.

Der Süfflich

Der Diedich ihs a Süfflich ihs a. Nu ja, nu nee, a hoot ollerhand durch-
gemacht! Seine zwee Sühne sein vermißt, woas doas heeßt, weeß jeder
vernünftige Mensch, doas heeßt, de kumma nimme zurücke aus Ruß-
land, seine Tochter hoot ken Moan, aber a Kind hoot se gekriegt, und
de Froo ihs 'm gesturba, und doo koan ma's 'm nich verdenka, doaß a
doas ganze Herzeleed monchmoll vergassa wiel und dernoo zur Brannt-
weinflosche grefft. Letzt woar der Forr bei ihm, a hoot ihm Trust zu-
gesprocha und dernoo hoot a'n gefoit: »Und diese Flasche hier ist ihr
einziger Trost, Diedich? Das kann ich nicht glauben!«
»Doas braucha Se ooch nich zu gleeba, Herr Forr«, soate der Diedich,
»durte hinger'm Schranke hoo ich noch 'n zweete stiehn!« – Is wär zum
lacha, wenn's nich zum Heuln wäre, nagell?
Om nächsta Tage koam der Paster zu ihm und toat ihm eis Gewissen
räda: »Ihr kommt immer mehr herunter, Diedich! So geht das doch
nicht weiter! Und wer ist schuld an dem ganzen Unglück? Der Alkohol, nur der Alkohol!«
»Sahn Se, Herr Paster«, soate der Diedich-Korle, »Sie sein der Eenzige,
der mir recht gibt! Die andern meenta olle, ich salber wär schuld!«

HANS RÖSSLER

Das Mißverständnis

Der Maxe und der Korle begegnen einander vor dem Dorfkretscham. –
»Nu soag amal Korle, wohin tuste denn und du giehst asu stolz?« –
»Dos siehste duch – ich hol a Vertel Schnoaps fer an Vatter!« –
»Schnoaps? Ei disser zerrissenen dreckichten Hose, Korle?« – »Bis wull
värrickt! Natierlich ei disser sauberen Floasche!«

ALFONS HAYDUK

Der nicht aus Schlesien stammende Leser könnte nun fast versucht sein, uns Schlesiern Völlerei und übermäßigen Gaumengenuß vorzuwerfen. Nun – wir hielten es mit Leberecht Hühnchen, der die Feste feierte, wie sie fielen. Und wollten sich absolut keine Anlässe zum Festefeiern finden lassen, dann – schmeckte uns das Alltagsessen genauso gut.
Deshalb will ich Ihnen hier einige Gerichte präsentieren, die das ganze Jahr hindurch den schlesischen Alltag verschönten.
Da gab's zum Beispiel:

Weiße Bohnensuppe

200 g weiße Bohnen
Wurzelzeug (Suppengemüse)
Salz, 20 g Butter, 20 g Mehl
50 g magerer Räucherspeck
1 Zwiebel, Paprika, Pfeffer

Die gewaschenen Bohnen über Nacht einweichen. Das geputzte und kleingeschnittene Wurzelzeug und die eingeweichten Bohnen in 2 l Salzwasser weich kochen. Aus Butter und Mehl eine helle Einbrenne bereiten, mit Bohnenbrühe auffüllen und zur Suppe geben. Speck und Zwiebel in Würfel schneiden, leicht bräunen, der Suppe zufügen und noch einige Minuten kochen lassen. Mit Paprika und Pfeffer abschmecken.

Braunbiersuppe

1 Stück Zimt, Zitronenschale
Salz, 20 g Butter, 40 g Mehl
1/4 l Milch, 1/2 l Malzbier
1 Eßl. Zucker

Biersuppen waren besonders an kalten Wintertagen als Wärmespender beliebt. Man machte sie sowohl von hellem, als auch von dunklem oder Malzbier.
3/8 l Wasser mit Zimt, Zitronenschale, Salz und Butter aufkochen. Mehl in Milch anrühren, in die kochende Flüssigkeit geben, 10 Minuten weiterkochen. Bier zugießen, erhitzen und nicht mehr kochen lassen. Mit Zucker abschmecken und Zimt und Zitronenschale herausnehmen.
Diese Suppe war in Schlesien auch als Getränk unter dem Namen »Warmbier« bekannt. Dazu wurde die Mehlmenge auf 20 g reduziert

oder anstatt des Mehles 40 bis 50 g Stärkemehl verwandt. An Warmbier wärmte man sich gern nach langen Schlittenfahrten, wobei man häufig auch nur einige Flaschen dunkles Kulmbacher oder Haase-Bier im Wasserbad erhitzte. Das gab schnell glühende Wangen und feurige Köpfe.

Geschlinge (oder Lungensuppe)

500 g Kalbsgeschlinge
Salz
Wurzelzeug (Suppengemüse)
60 g Reis, Petersilie

Das sauber gewaschene Geschlinge mit 1½ bis 2 l kochendem Salzwasser und dem geputzten Wurzelzeug ansetzen, etwa 2 Stunden kochen und durch ein Sieb gießen. Inzwischen den Reis gesondert kochen. Das Fleisch in Würfel schneiden und mit dem Reis in die Suppe geben, gehackte Petersilie zufügen.

Linsensuppe

250 g Linsen
Wurzelzeug (Suppengemüse)
Salz
20 g Butter, 20 g Mehl
50 g magerer Räucherspeck
1 Zwiebel, 1–2 Eßl. Essig

Gewaschene Linsen über Nacht einweichen. Das kleingeschnittene Wurzelzeug und die eingeweichten Linsen in 2 l Salzwasser oder Brühe weich kochen. Aus Butter und Mehl eine helle Einbrenne bereiten, mit Linsenbrühe auffüllen und zur Suppe geben. Speck und Zwiebel in Würfel schneiden, leicht bräunen und der Suppe zufügen. 10 Minuten kochen lassen, mit dem Essig abschmecken. (Nicht alle Mitglieder einer Tafelrunde lieben unbedingt den säuerlichen Geschmack, den der Essig hervorruft. Daher ein Tip: Stellen Sie ein Essigfläschchen auf den Tisch, aus dem jeder nach Belieben seine Suppe abschmecken kann.)

Taubenbrühe

Für einen schlesischen Rekonvaleszenten ist der Inbegriff der Köstlichkeit ein Täubchen im Suppentopf. Allenthalben im Lande wurden Tauben gezüchtet, und jeder Junge, der etwas auf sich hielt, hatte seinen eigenen Taubenschlag – und damit eine kleine Einnahmequelle. An dem Erfolg, mit dem dieses »Unternehmen« betrieben wurde, zogen die Eltern gern Schlüsse auf die spätere Tüchtigkeit im Erwerbs-

2 vorbereitete, alte Tauben
Wurzelzeug (Suppengemüse)
Salz, 125 g Reis
30 g Butter, Petersilie

leben. Wenn vielleicht andernorts »gebratene Tauben« sehr begehrt sein mögen, so sind sie dem Schlesier als Brühe zehnmal willkommener.

Die vorbereiteten Tauben, Herz, Magen und kleingeschnittenes Wurzelzeug in 1½ l kaltem Salzwasser ansetzen und 1½ bis 2 Stunden kochen. Nach 1 Stunde Kochzeit den gewaschenen Reis zufügen. Die weichgekochten Tauben in Stücke zerlegen, in die Brühe geben. Diese mit Salz abschmecken, Butter zufügen und gehackte Petersilie einstreuen.

Besser getroffa

Der Voater soate mit leisem Tadel:
»Woas? Ihr lußt is Assa liega?
Mutter, ünse beeda Madel
sein doch *zu* verwöhnte Ziega!
Ihs euch doas Assa nich gutt genung?
Wort! Ich breng euch uff a Schwung!

Fleeschbrutla ei brauner Putter!
Woas meenter, wie ich die verdrückt hätte,
wenn ich die vo meener Mutter
ock a eenzig Mol gekriegt hätte,
aber derheeme – gruß woar de Nuut! –
goab ufte blußig treuges (trocknes) Brut!« –

Doo soate de Jüngste (is ihs 'n Perle!
Die macht is ganze Durf zum Offa!):
»Gell, Voater, du ormer Kerle,
do huste's bei üns viel besser getroffa?
Kumm, doo lang ock feste zu!
Gell, Mutter, bir sein nich asu!«

HANS RÖSSLER

Fleischbrötel

1 altbackene Semmel
1 Zwiebel
500 g Gewiegtes
(Rind- und Schweinefleisch,
halb und halb)
1 Ei, Salz, Pfeffer
eventuell Paprika
eventuell Semmelbrösel
50 g Fett

Dieses Gericht erfreut sich in vielen Ländern unter verschiedenen Bezeichnungen großer Beliebtheit. Da es auch aus keinem schlesischen Küchenzettel wegzudenken ist, würde sein Fehlen eine Lücke im Kranz der in Schlesien gern und häufig gegessenen Mahlzeiten bedeuten.
Semmel einweichen, ausdrücken, Zwiebel in feine Würfel schneiden. Mit dem Fleisch, Ei und Gewürzen gut vermischen, flache Brotel formen, die kreisförmig oder oval sein können. Eventuell in Semmelbrösel wenden und in heißem Fett von beiden Seiten braten. – Fleischbrötel passen zu Kartoffeln mit verschiedenen Gemüsebeilagen, je nach Jahreszeit. Auch kalt aufgeschnitten sind sie abends als Brotbelag begehrt.

Mutter Tillern

Die Mutter Tillern, Inhaberin einer Parterrewohnung auf der Glatzer Böhmischen Straße, sieht schlecht und hört schwer. Sie ist am offenen Fenster mit dem Ausnehmen eines Herings beschäftigt. Ein Bekannter bleibt am Fenster stehen, und es kommt zu einem kurzen Gespräch:
Er: »Guda Marja, Mutter Tillern!«
Sie: »Ju, ju, änn Haarich.«
Er (lauter): »Mutter Tillern! Ich hoa euch änn guda Marja gewenscht!«
Sie: »Ju, ju, änn Biehma!«.
Er (schreit): »Och, doo sucht mich doch sostewuu!« (geht ab)
Sie (ruft ihm nach): »Ju, ju! Doas ies heute noch doas Bellichste, woas ma hoan koan!«

ALBRECHT BAEHR

Häckerle

2 Eier
4 Salzheringe
1 Apfel, 1 Zwiebel
125 g Räucherspeck

»Häckerle« gehört zu Schlesien, wie die Weißwurst zu München! »Häckerle« kommt von hacken, kleinhacken. Der Name ist so schlesisch wie das Gericht selbst.
Eier hart kochen. Die gewässerten Heringe gründlich säubern und das

2 Eßl. saure Sahne (oder
2 Eßl. Essig
und 2 Eßl. Öl)
Senf

Fleisch von den Gräten ablösen. Den Apfel schälen und entkernen. Hering, Zwiebel, Apfel, Räucherspeck und hartgekochte Eier in kleine Würfel schneiden oder durch die Fleischmaschine drehen. Die Masse mit der sauren Sahne oder Essig und Öl gut vermischen, mit Senf abschmecken. – »Häckerle« kann als Brotaufstrich verwendet werden oder ist, mit dampfenden Pellkartoffeln zu Tisch gebracht, ein beliebtes Abendessen, das Geldbeutel und Magen zudem nicht sonderlich belastet. Ernährungsphysiologisch gesehen ist der Hering ein wertvolles Tier: er hat einen hohen Gehalt an Vitamin A und Mineralstoffen.

Kalbsfüße

2 Kalbsfüße
Wurzelzeug (Suppengemüse)
Salz, etwas Mehl
1 Ei, Semmelbrösel, 50 g Fett

Ein richtiger Schlesier spricht das Wort »Kalbsfüße« mit ehrfürchtiger Zärtlichkeit aus, in Erinnerung an herrliche Genüsse in der Heimat. Kalbsfüße waschen, mit dem geputzten Wurzelzeug in Salzwasser 1½ bis 2 Stunden kochen, bis die Haut weich ist. Noch warm Haut und Fleisch von den Knochen lösen und flach ausgebreitet zwischen zwei Holzbretter legen, damit die Stücke sich besser ausbacken lassen. Erkaltet in Rechtecke schneiden, in Mehl, verquirltem Ei und Semmelbrösel wenden und in heißem Fett bräunen. – Diese mit besonderer Vorliebe verspeiste Delikatesse wird zu Kartoffelsalat oder Gemüsen gereicht.

Kalbsnieren

3–4 Kalbsnieren
Salz, 50 g Butter
1 Zwiebel
1 Eßl. Mostrich (Senf)

Nieren von der sie umhüllenden Fettschicht befreien, waschen, die Haut abziehen und mit Salz bestreuen. Der Länge nach aufschneiden, Sehnen und Häute entfernen und in feine Scheibchen schneiden. Diese in der gebräunten Butter mit der würfelig geschnittenen Zwiebel 5 bis 7 Minuten braten. Den Bratensatz mit 1 Eßlöffel Mostrich verrühren, eventuell noch etwas Wasser angießen. – Anstatt mit Mostrich kann man auch mit Essig und Pfeffer abschmecken und hat dann *»saure Nieren«*. Möchte man mehr Sauce, bestäubt man die Nieren nach dem Rösten mit etwas Mehl, gießt auf und läßt noch einige Minuten kochen.

Kalbshirn, gebacken

2 Kalbshirne
Salz, etwas Mehl
1 Ei, Semmelbrösel, 40 g Fett

Die gewaschenen Hirne mit warmem Wasser übergießen, zugedeckt 10 Minuten stehen lassen, dann die Aderhaut entfernen. In flache Stücke schneiden, salzen, in Mehl, verquirltem Ei und Semmelbrösel wenden, im heißen Fett backen. Die Hirne können auch vor dem Braten 10 Minuten in Salzwasser gekocht werden. – Zu Hirn passen Kartoffeln, Gemüse und Salat.

Apfelreis

250 g Reis, Salz
500 g Äpfel, 100 g Zucker
50 g Butter
Zucker und Zimt

Das ist ein Gegenstück zu dem rheinischen Gericht »Himmel und Erde«, bei dem Kartoffelbrei mit Apfelmus gemischt wird. Allerdings ißt der Rheinländer dazu gebratene Blutwurst. Er ist eben nicht so »süß« wie wir Schlesier.

Reis waschen, in 1 l kochendes Salzwasser einstreuen und bei schwacher Hitze zugedeckt 25 Minuten quellen lassen. Die Äpfel schälen, Kerngehäuse entfernen, in Achtel schneiden und mit Zucker und 1/2 l Wasser zu Kompott kochen. Reis mit Kompott vorsichtig vermischen, mit brauner Butter übergießen und mit Zucker und Zimt bestreuen.

Der Kließla

De Hauptsache – doas soa ich Euch –
von insem schläscha Himmelreich
doas sein do bluß de Kließla!

Woas nützt a Brota schien und gruß,
wenn ma Kartuffeln frassa muß
als Zutoat – und kee Kließla?

Denns beste halt – doas soa ich Euch –
vo insem schläscha Himmelreich
doas sein und blein de Kließla!

HANS RÖSSLER

Schlesisches Himmelreich

250 g Backobst
500 g Schweinefleisch
(oder Pökelfleisch)
Salz
30 g Butter, 30 g Mehl
Zucker
eventuell Zitronensaft

Vielbesungen, oft gekocht, über alle Maßen geliebt und gelobt: das ist des Schlesiers Nationalgericht – sein Himmelreich auf Erden! Keine Gewalt, kein Krieg und kein Feind kann uns unser schlesisches Himmelreich, bestehend aus Backobst, Fleisch und Klößen nehmen. Wir können es uns überall, wo es uns auch hingeweht hat, kochen. Und nun auf zum Schlesischen Himmelreich-Essen!
Das Backobst über Nacht in 1/2 l Wasser einweichen. Schweinefleisch in 1 l kochendem Salzwasser, Pökelfleisch in 1 l kaltem Wasser ohne Salz ansetzen, etwa 1 Stunde garen. Das eingeweichte Backobst zufügen, zusammen weichkochen. Aus Butter und Mehl eine Einbrenne bereiten, mit Brühe ablöschen, mit Salz, Zucker und eventuell Zitronensaft abschmecken und mit dem in Scheiben geschnittenen Fleisch und Backobst vermengen. – Schlesisches Himmelreich wird mit Semmelklößel (siehe Seite 50) serviert.

Linsen mit Backpflaumen

750 g Linsen
375 g Backpflaumen
50 g Speck, 1 Zwiebel
40 g Mehl
Essig, Salz, Zucker

Linsen am Vorabend in 1 1/2 l Wasser einweichen, ebenso die Backpflaumen in 3/4 l Wasser. Linsen im Einweichwasser 1 Stunde kochen, dann die Pflaumen mit dem Einweichwasser zugeben und garen. Speck und Zwiebel in Würfel schneiden, glasig dünsten, Mehl zufügen und mit Linsenbrühe ablöschen. Die Linsen und Pflaumen damit bündig machen und mit Essig, Salz und Zucker abschmecken. – Sie können zu diesem Gericht noch Würstchen reichen.

Braune Specksauce

60 g Räucherspeck
1 Zwiebel, 40 g Mehl
Salz, Essig

Diese Sauce ist eine beliebte Beigabe zu Klößen aller Art und erspart unter Umständen eine kostspielige Fleischbeilage. Ein empfehlenswertes Gericht also für die letzten Tage vor Ultimo!
Speck und Zwiebel in Würfel schneiden und hellbraun braten. Mit dem Schaumlöffel aus dem Fett heben. Mehl in das heiße Fett geben, braun

rösten und mit 1/4 l Wasser oder Brühe auffüllen, 15 Minuten kochen. Mit Salz und Essig abschmecken, Speck- und Zwiebelwürfel in die fertige Sauce geben.

Rosinensauce zu Rinderzunge und gekochtem Rindfleisch

30 g Rosinen, 20 g Mandeln
40 g Butter, 40 g Mehl
Salz, Zucker
Zitronensaft oder Essig

Süße Saucen zu Fleisch und Fisch gehören zu den typisch schlesischen Eßgewohnheiten. Wie die braune oder polnische Sauce den Weihnachtskarpfen oder die Weißwurst vollendet, so ist die Rosinensauce beliebt zur Rinderzunge oder gekochtem Rindfleisch.

Rosinen waschen, in 1/4 l Wasser bei schwacher Hitze ausquellen lassen, Mandeln brühen, abziehen und in Stifte schneiden. Aus Butter und Mehl eine dunkle Einbrenne bereiten, mit 1/2 l Wasser oder Brühe und dem Kochwasser der Rosinen ablöschen, 20 bis 30 Minuten kochen. Mit Salz, Zucker, Zitronensaft oder Essig abschmecken und Rosinen und Mandelstifte dazugeben.

Kartoffelsalat

1 kg Salatkartoffeln, 1 Zwiebel
4 Eßl. Essig, 4 Eßl. Öl
1 Eßl. Salz, Pfeffer

Kartoffeln kochen, schälen, auskühlen lassen und in Scheiben oder Würfel schneiden. Zwiebel in Würfel schneiden, mit den übrigen Zutaten und 1/4 l Brühe eine Marinade bereiten, die Kartoffeln hineingeben und vorsichtig vermengen. – Da wir Schlesier alles »Schweinerne« lieben, geben wir auch an den Kartoffelsalat gern ausgebratene Speckwürfel. Dafür bleibt das Öl weg, und anstatt der Brühe kann man 1/4 l leicht gesalzenes Wasser verwenden, damit der Salat nicht zu fett wird.

Kartoffelsalat mit Mayonnaise

1 kg Kartoffeln, 1 Eßl. Salz
Pfeffer, 4 Eßl. Essig
75 g Mayonnaise
eventuell Senf

Die Kartoffeln kochen, schälen, auskühlen lassen und in Scheiben schneiden. Aus Salz, Pfeffer, Essig und 1/4 l Brühe eine Marinade bereiten, die Kartoffeln hineingeben und durchziehen lassen. Mayonnaise eventuell mit Senf abschmecken und mit dem Salat vermischen.

Roter-Rüben-Salat

1 kg rote Rüben, Salz
Essig, Zucker, Kümmel
1 Lorbeerblatt
eventuell 1 Eßl. Meerret-
tichwürfel

Die Rüben sauber bürsten, in kochendem Salzwasser weich kochen. Abgießen, zum Abkühlen in kaltes Wasser legen, schälen und hobeln oder in feine Scheiben schneiden. 1/4 l Wasser mit Essig, Salz, Zucker, Kümmel und Lorbeerblatt aufkochen, über die Rüben gießen und gut durchziehen lassen. Eventuell Meerrettichwürfel darunter mischen.

Salat von sauren Gurken

2 saure Gurken
Essig, Öl, Zucker
1 Teel. Zwiebelwürfel

Die Gurken in feine Scheiben schneiden und mit den Zutaten vermischen. – 250 g Fleischwurst, am besten Knoblauchwurst, abgepellt und in Scheiben geschnitten beigemischt, gibt ebenfalls einen sehr schmackhaften, aber natürlich kalorienreicheren Salat. Sehr geeignet zum Abendessen mit Brot und Tee.

Apfel im Schlafrock

4 große Äpfel
2 Eßl. Zucker, 2 Eßl. Rum
100 g Mehl, 1/8 l Milch
Salz, 1 Ei
Fett zum Ausbacken
Zucker und Zimt

Dies ist ein sehr beliebter und schnell zu bereitender Nachtisch.
Die ganzen Äpfel schälen, das Kerngehäuse ausstechen, dicke Ringe schneiden, mit Zucker bestreuen, mit Rum beträufeln und zugedeckt etwa 1 Stunde stehen lassen. Aus Mehl, Milch, etwas Salz und Ei (das Ei trennen und den Eischnee zuletzt unterziehen) einen Eierkuchenteig bereiten. Die Apfelringe im Teig wenden und in siedend heißem Fett von beiden Seiten backen. Mit Zucker und Zimt bestreut auf den Tisch bringen. – Anderswo versteht man unter »Apfel im Schlafrock« auch in Mürbeteig gebackene, ganze, kleine Äpfel.

Arme Ritter

Süße Speisen sind für uns schlesische Leckermäuler, einerlei ob jung oder alt, immer eine besondere Gaumenfreude. Mir scheint, daß der Zuckerrübenanbau mit seinen vielfältig »versüßten« Nachprodukten den Geschmack der Schlesier schon von Jugend an auf Süßes lenkte. Für

2 altbackene Semmeln oder
8 Scheiben Einback
(Einback siehe Seite 17)
1/4 l Milch, 1 Eßl. Zucker
Salz, 1 Eigelb
100 g Mehl, 2 Eier
Fett zum Ausbacken
Zucker und Zimt
(oder Kompott)

viele Kinder gehörte die Sirupschnitte zum täglichen Brot, wie andernorts vielleicht die Margarineschnitte. Und einmal durch die Sirupschnitte »verdorben«, liebt es der Schlesier, als Hauptgericht am Mittag oder Abend oder als Nachtisch häufig etwas Süßes zu verspeisen. Hier ein beliebter Nachtisch:

Semmel- oder Einbackscheiben nebeneinander auf eine flache Platte legen. 1/8 l Milch mit Zucker, einer Prise Salz und 1 Eigelb verquirlen und damit die Scheiben beträufeln. Aus Mehl, 1/8 l Milch, Salz und 2 Eiern (die Eier trennen und den Eischnee zuletzt unterziehen) einen Eierkuchenteig bereiten. Die beträufelten Semmel- oder Einbackscheiben in dem Teig wenden und in siedend heißem Fett von beiden Seiten backen. Mit Zucker und Zimt bestreuen oder mit Kompott servieren.

Striegauer Granit

Die Breslauer Vorstadtbäcker buken aus Kuchenresten und altbackenen Semmeln eine reichlich überzuckerte Art Kranzkuchen, »Warschauer« genannt. Es war der billigste Kuchen, der sich besonders bei der Schuljugend besonderer Beliebtheit erfreute; denn schon für einen Zwepper – eine Zweipfennigmünze – konnte man ein ansehnliches Stück »Warschauer« erstehen.

»Hau amal feste nei!« ermunterte ich meinen Freund, den Kahlert-Jorg. – Jorg ließ sich das nicht zweimal sagen, er nahm die ganze Gusche voll. Das bekam aber seinem letzten Milchzahn in keiner Weise. Jorg spuckte ihn in weitem Bogen mit dem allzu harten Backwerk aus Dann gab er mir großzügig den Rest zurück und flunschte mit verächtlicher Grimasse: »Warschauer? – nee, nee, Striegauer Granit is doas!«

ALFONS HAYDUK